Marianne E. Meyer

Stärke dein Immunsystem und heile dich selbst

Die besten Naturmittel und sieben Lebensregeln für ein dauerhaftes Schutzschild gegen Infektionen und Allergien

WINDPFERD

Die in diesem Buch vorgestellten Informationen sind sorgfältig recherchiert und wurden nach bestem Wissen und Gewissen weitergegeben. Dennoch übernehmen Autorin und Verlag keinerlei Haftung für Schäden irgendeiner Art, die direkt oder indirekt aus der Anwendung oder Verwendung der Angaben in diesem Buch entstehen. Die Informationen in diesem Buch sind für Interessierte und zur Weiterbildung gedacht.

Die Autorin: Marianne E. Meyer hat bereits viele Lebensstationen mit dem Focus Gesundheit und Heilen angelaufen. Sie ist Jahrgang 1949, einstmals Arzthelferin, später Studium mit den Schwerpunkten Familientherapie und Gerontologie, Ausbildung in Supervision. Seit 1986 hauptsächlich in den USA zu Hause. Im Jahre 1995 Promotion am *College of Nutrition* mit Schwerpunkt Immunabwehr und Spirulina. Pioniergeist und eine große Hingabe an das Wohl der Menschen beflügeln sie.

1. Auflage 1999

Umschlaggestaltung: Kuhn Grafik, Digitales Design, Zürich
Lektorat: Brigitte Gabler
Gesamtherstellung: Schneelöwe, Aitrang
ISBN 3-89385-275-1

Printed in Germany

Inhaltsverzeichnis

Teil II

Vorwort

Seit kurzem zeigt sich reges Interesse an naturheilkundlicher Fachliteratur sowie an natürlichen Immunstimulatoren. Der Einzelne scheint immer mehr einzusehen, daß er die Verantwortung für seinen Körper selber übernehmen und für vorbeugende Maßnahmen und sanfte Therapien sorgen muß. Wer noch keine genaue Vorstellung hat, wie er dies bewerkstelligen soll, findet im vorliegenden Buch zahlreiche, wissenschaftlich überprüfte, natürliche Maßnahmen zur Stärkung unseres inneren Wunderheilers, der, sofern wir ihn nicht mit zu vielen „Lebensstilsünden" überfordern, Mittel und Wege hat, unseren Körper funktionstüchtig zu erhalten. Hätten wir ein bißchen mehr Vertrauen in unsere körpereigene Abwehr, könnte uns so manches Leid erspart bleiben.

Was bedeutet es, ein funktionstüchtiges Immunsystem zu haben? Es versichert uns, daß unser innerer Heiler mit allen Krankheitserregern fertig wird.

Wenn wir die Tiere in der freien Wildbahn beobachten, stellen wir fest, daß die Natur die Selbstheilung des Körpers in wunderbarer Weise eingerichtet hat. Denn mit einem Nahrungsstop, Ruhe, frischer Luft und viel Wasser, um die im Kampf mit den Abwehrzellen abgestorbenen Mikroben, Gifte und andere Fremdstoffe auszuschwemmen, ist schon das meiste getan.

Wer dennoch glaubt, seinem Körper Nährstoffe zuführen zu müssen, kann sich grüne Säfte aus Alfalfa bzw. Weizen-/Gerstengras herstellen oder sich der segensreichen blaugrünen Alge Spirulina bedienen, die den Körper auf natürliche Weise mit einer Fülle von Vitaminen, Mineralien, Spurenelementen sowie mit immunsystemstärkenden Pigmenten, Enzymen und essentiellen Fettsäuren versorgt.

Wie bei den Tieren, so können wir auch bei Kleinkindern mitunter beobachten, daß sie ihrem Instinkt noch folgen. Wenn es ihnen nicht gut geht, essen auch sie in der Regel nichts und schlafen viel. Doch wir Erwachsene müssen erst wieder lernen, auf unseren Körper zu hören. Wenn uns die Nase läuft, wollen wir oftmals gerade dann nicht auf unsere gewohnten Leckereien verzichten, nach dem Motto: „Muß ich mich schon quälen, soll zumindest der Genuß nicht fehlen." Dadurch verzögern wir aber den Reinigungs- und Heilungsprozeß, da sich unser Immunsystem nun auch noch mit der schweren Verdauungsarbeit und den Lebensmittelgiften befassen muß, anstatt seine Abwehrzellen in voller Zahl zum Krankheitsherd zu senden. Wenn dann außerdem das Heilfieber medikamentös unterdrückt wird, müssen noch mehr Abwehrzellen zur Beseitigung chemischer Arzneien bereitgestellt werden. Zudem bewegen sich die weißen Blutkörperchen dadurch langsamer, denn bei jedem Grad von Temperaturerhöhung in unserem Körper erhöht sich auch die Geschwindigkeit, mit der unsere Immunzellen wandern und attakkierende Mikroben töten können.

Warum sollten wir also diesen Prozeß, der die angreifenden Krankheitskeime unschädlich macht, verzögern wollen? Das Fieber ist eine natürliche Abwehrreaktion und nur dann gefährlich, wenn nicht genügend Flüssigkeit aufgenommen wird (drei Liter täglich.). Die erhöhte Temperatur ist ein Zeichen dafür, daß unser Immunsystem seine Arbeit zur Wiederherstellung der Gesundheit aufgenommen hat, und wir sollten ihm diese nicht mit unnötiger Verdauungsarbeit oder chemischen Arzneien erschweren. Mit starken chemischen Mitteln, die mitunter schon bei einer einfachen Erkältung verordnet werden, täuschen wir die Natur und verdummen unser Immunsystem. Deshalb wird es auch nie eine Zauberformel gegen Krebs oder gegen irgendeine andere tödliche Krankheit geben.

Halten Sie sich doch einmal das Wunder der natürlichen Heilung vor Augen: Wenn Sie sich schneiden, reißen die kleinen Blutgefäße, das in die Wunde austretende Blut gerinnt, wodurch die Blutung beendet wird. In das Blutgerinnsel wandern die Freßzellen ein, nehmen den Kampf mit den in die Wunde gelangten Bakterien auf und beseitigen diese wie auch die Gewebetrümmer. Später sprossen die Haargefäße ein und von den Rändern aus wächst das Deckgewebe über die Wunde, wobei die Zellen eine dünne Schicht bilden. Die danach durch Gitter – später durch zugfeste Fasern – erfolgende Vernarbung läßt die Wunde schrumpfen. Kein Arzt der Welt kann dieses Wunder vollbringen.

Wahre Heilung ist die, die Ihr Körper meistert, wenn Sie durch eine gesunde Lebensweise ein starkes Immunsystem bilden, das Krankheiten vorzubeugen vermag. Und sofern Ihre körpereigene Abwehr so funktioniert, wie es die Natur vorgesehen hat, werden Ihre Abwehrzellen im Fall einer Krankheit die Eindringlinge rasch und effizient erledigen. Vertrauen Sie auf Ihren inneren Heiler, denn die Schöpfung ist vollkommen, nur wir machen Fehler.

Wenn Sie sich einmal nicht wohlfühlen, gehen Sie Ihre persönliche Check-Liste durch und fragen sich: Welche der „Sieben Essentiellen" – frische Luft und Sonne, natürliche Ernährung, regelmäßige Bewegung, reines Wasser, ausreichend Schlaf und Ruhepausen, freudvolle Beschäftigung und positive Gedanken (Gebet, Meditation etc.) – habe ich vernachlässigt? Wenn Sie z. B. Kopfschmerzen haben, finden Sie heraus, ob es Ihnen an Ruhe oder frischer Luft bzw. Bewegung mangelt, oder ob Sie zuwenig Wasser getrunken oder sich in rauchigen Räumen aufgehalten haben. Vielleicht hatten Sie sich zu lange am Computer oder in Räumlichkeiten aufgehalten, die mit chemikalienverseuchten Teppichen oder holzschutzmittelbehandelten Möbeln versehen waren. Oder haben Sie die vielen unterschiedlichen Schwingungen bei einem Messe-, Jahrmarkts- oder Diskothekenbesuch beeinträchtigt? Die Ursachen haben in der Regel mit irgendeiner Form von Belastung zu tun. Chemische Keulen bedeuten aber noch mehr Streß für den Körper, und in den meisten Fällen sind die sanften, erfahrungsheilkundlichen therapeutischen Maßnahmen ohnehin effizienter.

I.

Funktion des körpereigenen Schutzschildes und Ursachen von Immundefekten

Das „Wunder“ in unserem Körper

Wir nehmen das körpereigene Abwehrsystem als etwas ganz Selbstverständliches hin, zumindest solange wir uns einigermaßen wohl fühlen. Wenn jedoch das Immunsystem infolge von Ernährungsfehlern, Medikamentenmißbrauch und/oder einer unnatürlichen Lebensweise fehlgesteuert und irregeführt wird, kann es seinen Aufgaben nicht mehr gerecht werden, und es entwickelt sich ein chronisches und degeneratives Leiden.

Krankheiten kommen nicht von irgendwo her, sondern wir „bestellen“ sie selber, indem wir die o. g. sieben zum Leben notwendigen Elemente vernachlässigen. Es ist daher weniger sinnvoll, unseren inneren Wunderheiler in Frage zu stellen, als sich beim Auftreten von Krankheitszeichen selber zu fragen, was könnte ich in letzter Zeit falsch gemacht haben, daß mein Körper nicht artgerecht funktioniert? Ein verantwortungsbewußter aufmerksamer Arzt fragt ja auch seinen Patienten nach seiner Ernährung, ob er beruflichen oder häuslichen Ärger hat, ob er sich regelmäßig bewegt und dergleichen. Wir müssen uns über eines ganz im klaren sein: Wir können nicht mit unserem Körper Raubbau treiben und uns dann auf die Medizin verlassen. Die klassische Medizin leistet Hervorragendes auf dem Gebiet der Notfallversorgung und der plastischen Chirurgie.

Aber kein Arzt ist imstande uns zu heilen, wenn wir fortlaufend Lebensstil- und Ernährungssünden begehen. Und selbst bei chirurgischen Eingriffen hängt es ganz allein von uns ab, ob die versorgten Organe, Knochen oder verpflanzten Gewebe und Organe heilen. Diese Fähigkeit besitzt ausschließlich unser eigener innerer Heiler, das Immunsystem und die Natur, die für jedes Gesundheitsproblem eine Unzahl von Kräutern wachsen ließ, um die körpereigenen Abwehrkräfte zu stärken.

Wie funktioniert das Immunsystem?

Gewöhnlich werden die verschiedenartigen Mikroorganismen, die unseren Körper zum Domizil erkoren haben, um sich auf unsere Kosten durchschlagen zu können, von den Abwehrzellen – den weißen Blutkörperchen – in Schach gehalten oder, sofern sie überhandnehmen, vernichtet. In Einzelfällen kommt es vor, daß Mikroben sogar Vorteile bringen, wie beispielsweise die „freundlichen" Bakterien, und hier besonders der Lactobacillus acidophilus, z. B. im gesunden Dünndarm. Indem die Laktobazillen alle Plätze an der Darmwand besetzt halten, verhindern sie, daß sich Krankheitskeime festsetzen können. Zum anderen produzieren sie Milchsäure und andere antibakterielle Substanzen, in denen sich viele Keime nicht wohl fühlen. Die Vermehrung von krankheitserregenden Bakterien und eine mögliche Infektion wird somit verhindert. Nicht ganz so friedlich verläuft das Zusammenleben mit den Escherichia-coli-Bakterien, die sich im Dickdarm aufhalten und auch nur dort vom Körper geduldet werden. In anderen Organen müssen diese recht unfreundlichen Gesellen bekämpft werden, da sie z. B. in den Harnwegen und im Nierenbecken gefährliche und äußerst schmerzhafte Entzündungen hervorrufen können.

Im Folgenden wird über die verschiedenen Abwehrprozesse berichtet, wobei sich die einen ganz allgemein gegen Kleinlebewesen richten, die anderen nur gegen einen ganz speziellen Krankheitserreger.

Die allgemeine (angeborene) Abwehr

Die körperlichen Schutzeinrichtungen der unspezifischen Immunität, wie die Haut, den Schleim und die Flimmerhaare der Atemwege oder die Magensäure nehmen wir gewöhnlich als selbstverständlich hin, da wir für diese ererbte organische und funktionelle Abschirmung gegen Fremdkörper nicht selber sorgen müssen. Zu den vielen angeborenen Abwehrmechanismen gegen Infektionen, die im Folgenden als erste Verteidigungslinie gegen gefährliche Mikroben dargestellt sind, gehört auch die Muttermilch, vor allem das Kolostrum. Diese „Vormilch“ aus der Mutterbrust, die nur in den ersten Tagen nach der Geburt gebildet wird, enthält einen hohen Prozentsatz an Lymphozyten und Immunglobulinfragmenten, die dazu dienen, Infektionen des Neugeborenen zu verhindern. Somit erhält das Kind zusätzliche Immunität, bis es seine eigenen spezifischen Antikörper produzieren kann. Ist das nicht schon ein überzeugendes Argument fürs Stillen? Es gibt noch viele andere.

Welches sind nun die äußeren Barrieren, die uns vor Infektionen schützen? Da ist zunächst einmal die Haut, in der wir stecken. Durch die gesunde Haut können kaum Bakterien dringen, denn die besonders reichlich in der Kopfhaut, im Gesicht, in der Nase, im Mund, im Außenohr und im After befindlichen Talgdrüsen sondern außer Fett und Zellen auch antibakteriell wirkende freie Säuren ab. Wenn mikrobale Störenfriede durch diese Körperöffnungen eindringen, werden sie vom Schleim umgeben und ausgeschieden.

Die mit der Atemluft in den Körper gelangenden Staubteilchen und Bakterien bleiben an der feuchten Schleimhaut von Nase, Rachen, Kehlkopf, Luftröhre und Bronchien hängen und werden dann durch den Schlag der feinen Flimmerhaare der Deckzellen (Kinozilien), verstärkt durch Niesen und Husten, aus dem Körper befördert. Gelangt der Staub jedoch bis in die Lungenbläschen, kann er nur durch Makrophagen (Phagozyten, sog. Freßzellen), die in diesem Fall dann „Staubzellen“ genannt werden, aufgenommen und abtransportiert werden.

Die mit den Speisen aufgenommenen Bakterien werden durch die Magensäure vernichtet. Wird zuwenig Magensäure gebildet, besteht die Gefahr, daß mit der Nahrung aufgenommene Mikroorganismen in den Darm gelangen, was – verursacht durch die Abwehrschlacht – häufig zu Durchfällen führt.

So kann die Magensäurebildung unterstützt werden

Nach dem 40. Lebensjahr nimmt die Magensäurebildung gewöhnlich ab. Mangelnde Magensäure kann aber auch andere Gründe haben: Durch das Trinken während des Essens wird sie verdünnt, und die Vorverdauung kann nur noch begrenzt bewältigt werden. Ebenso reicht die Magensäure nicht aus, wenn zuviel auf einmal gegessen wird. In diesem Fall bleibt der Speisebrei zu lange im Magen und geht in Gärung über, was sich bemerkbar macht, wenn man am Morgen beim Aufstoßen noch die am Abend zuvor genossene Speise schmeckt. Auch zu kaltes Essen oder Trinken hemmen die Magensäurebildung, ebenso jede Art von Streß. Zur Abklärung des Säurewertes empfehlen manche amerikanische Heilpraktiker die Verwendung der Heidelberger Kapsel, ein verschluckbarer Hochfrequenzkleinstsender zur Säurewert-(ph)-Messung. Einige Ernährungsexperten raten bei Säuremangel, vor jeder Mahlzeit einige mg Salzsäure (HCl), etwas Zitronensaft oder Apfelessig in Wasser zu sich zu nehmen. Andere sind dagegen überzeugt, daß Zitronen bzw. Essig zu Übersäuerung führt. Am besten sind immer die eigenen Erfahrungen, die mit der Versuch-Irrtum-Methode gewonnen werden. Ich persönlich habe gute Erfahrungen gemacht mit Zitrone, die ja auch eine Art enzymatische Vorverdauungshilfe und Schutz gegen Schimmelpilzgifte bietet. Die Ernährungsexpertin Halima Neumann empfiehlt 1/4 Stunde vor dem Essen etwas Wermuttee- und Enzianwurzelpulver zusammen mit drei bis vier Kardamomkörnern zu kauen. In Indien wird nach jedem Essen Kardamom oder Fenchel gekaut und in jedem Restaurant steht ein Schälchen Fenchelsamen auf dem Tisch.

Gutes Durchkauen und Einspeicheln der Speisen ist besonders wichtig, damit die potentiellen Krankheitskeime schon mit dem Speichel durch das Enzym Lysozym vernichtet werden können.

Lysozym – Krankheitskeime schon mit dem Speichel bekämpfen

Dieses Enzym zählt zu den weiteren Abwehrreaktionen des Körpers; es kommt, außer im Speichel, in der Tränenflüssigkeit, im Nasen- und Darmschleim, im Blutplasma, im Schweiß und in der Brustmilch vor. Vor allem im Darmschleim greift Lysozym die Zellwand der Bakterien an. Die geschädigte Zellwand wird dann in der Regel vom sogenannten Kompliment aufgelöst. Beim Kompliment handelt es sich um ein funktionelles System aus im Blutserum und auf den Zelloberflächen vorkommenden Proteinen (Komplementfaktoren), die in den Organismus eindringende Fremdstoffe (Antigene) unter oder ohne Mitwirkung von Antikörpern inaktivieren können. Es wird durch Bakterien aktiviert, und in einer Antigen-Antikörper-Reaktion bewirkt es das Verklumpen, Unbeweglichmachen bzw. die Lysis oder Lyse ("lytischer Reaktionsweg"), d. h. die Auflösung von Bakterien und Fremdkörpern.

Antigen-Antikörper-Reaktion (AAR)

Die AAR bezeichnet einen Prozeß des Immunsystems, in welchem immunglobulinüberzogene B-Zellen (B-Lymphozyten) den Eindringling (das Antigen) erkennen und die Antikörperproduktion stimulieren. Die T-Zellen assistieren zwar in der AAR, jedoch spielen die B-Zellen die Hauptrolle. Antigen-Antikörper-Reaktionen aktivieren das Komplementsystem.

Lyse – die Auflösung von Bakterien und Fremdkörpern

Bei der Auflösung von Bakterien wird von der Bakteriolyse, beim Auflösen der Zellen, z. B. roter Blutkörperchen, von der Hämolyse gesprochen. Eine Lyse kann jedoch auch durch Wärme- oder Kälteeinwirkung erfolgen. Das Kompliment ist ebenfalls an der Anaphylaxie beteiligt. Als auslösende Antigene dieser Überempfindlichkeitsreaktion vom Soforttyp-Typ 1 der Allergie kommen vor allem körperfremde Proteine wie z. B. Impfstoffe und Insektengifte, Arzneimittel, wie z. B. Penizilline, Tetrazykline, Procain, jodhaltige Röntgenkontrastmittel, Ausgangssubstanzen zahlreicher Arzneimittel und Antiseptika und Chemikalien aller Art in Betracht; seltener sind Nahrungsallergene die Auslöser. Es kann zum mitunter tödlich verlaufenden anaphylaktischen Schock kommen.

In einem kürzlichen Tierversuch in Südkorea konnte festgestellt werden, daß die blaugrüne Alge Spirulina bei einer Menge von 0,5 g pro Kilogramm Körpergewicht den anaphylaktischen Schock vollständig verhindert (siehe hierzu mein Buch „Spirulina, das blaugrüne Wunder"). Das Kompliment ist ebenso an der Phagozytose beteiligt. Bei diesem Einverleibungsprozeß werden feste Partikel, wie Gewebetrümmer, Mikroorganismen, Chemikalien, Abgase, Schwermetalle oder andere Fremdkörper in das Zellinnere von Phagozyten (Freßzellen) aufgenommen und in der Zelle enzymatisch oxidativ abgebaut. Zu den Phagozyten, den sogenannten Freßzellen, gehören überwiegend die seßhaften Makrophagen sowie die mobilen Monozyten (hufeisenförmiger Kern) und die Granulozyten (vielgestaltig gekörnter Kern). (Siehe auch Kapitel „Die Phagozytose".) Die in der Leber gebildeten „Akute-Phase-Proteine" werden während einer Infektion vermehrt erzeugt. Sie unterstützen das Kompliment und die Abwehrzellen.

Selbstproduziertes Interferon ist am besten

Ein weiterer angeborener Abwehrmechanismus ist die Produktion des Abwehrstoffs Interferon, das vor allem antivirale und zellteilungshemmende Wirkung besitzt. Dieses natürliche Zelleiweiß wird mittlerweile auch gentechnisch erzeugt und in der Krebstherapie sowie zur Bekämpfung schwerer Viruserkrankungen, wie z. B. Hepatitis, eingesetzt. Das gespritzte Interferon ist jedoch etwas ganz anderes als das von den T-

Zellen produzierte Hormon. Letzteres wird zu anderen Zellen gesandt, um diese zu stimulieren. Ärzte haben AIDS-Patienten Interferon gespritzt, erzielten aber nur ein schwaches Resultat, weil die injizierten Mengen unnatürlich hoch und für den Körper toxisch waren.

Das Immunsystem und alle anderen Systeme unseres Körpers stehen innerhalb einer Reihe von komplexen Verbindungen in gegenseitigen Wechselbeziehungen in einem Zustand der Ausgewogenheit. Die Teile des Immunsystems sind nicht in der Weise miteinander verbunden, daß A B veranlaßt oder herbeiführt und B C. Die Beziehung ist eher eine, bei der A, B und C mit jedem anderen in einem ausgetüftelten Balanceakt interagieren. Wenn der Körper seine eigenen biochemischen Substanzen produziert, weiß er ganz genau, wie er sich die Ebbe und Flut dieser Stoffe bestmöglichst nutzbar macht. Eine Flut von injiziertem Interferon zerstört dieses subtile Gleichgewicht (vgl. Badgely 1990). Alle synthetischen Arzneien, aber auch chemische Nahrungszusätze stören diese Ausgewogenheit.

Sofern wir nicht gegen die im Kapitel „Die *Sieben Essentiellen* zur Aufrechterhaltung eines funktionierenden Abwehrsystems“ aufgezeigten Prinzipien einer natürlichen Lebensweise verstoßen, brauchen wir keinerlei Chemie von außen. Denn unser Körper hat normalerweise die Mittel mitbekommen, um sich selber zu heilen, nur müssen wir pfleglich mit ihm umgehen, damit das Immunsystem seine ihm zugedachten Aufgaben erfüllen kann. Ohne die körperliche Immunreaktion würde faktisch ein einziger Atemzug oder das kleinste Fitzelchen Nahrung ein tödliches Ende haben.

Unsere Umgebung ist angefüllt mit pathogenen Organismen beziehungsweise Antigenen. Viele dieser Eindringlinge – Bakterien, Viren, Pilze, Parasiten, chemische Substanzen – zerstören lokales Gewebe und produzieren eine Immunreaktion, die als Entzündung bekannt ist. Entzündungen ziehen die im Blutkreislauf zirkulierenden Schutztruppen weißer Blutkörperchen in Form von vielgestaltigen, mehrkernigen Leukozyten an die Stelle der Verletzung. Vor allem sind es die als neutrophile Granulozyten bezeichneten Phagozyten die eindringende Organismen verschlingen und durch ihre Vermehrung eine Linksverschiebung im weißen Blutbild verursachen. Eine Charakteristik dieses Prozesses ist die Zunahme der örtlichen Blutversorgung, so daß eine große Anzahl von Leukozyten zum Gefechtsgebiet gebracht werden kann, um die Invasion zu bekämpfen. Die phagozytischen Zellen oder Freßzellen umfließen Mikroorganismen, Fremdkörper, chemische Substanzen und Zelltrümmer und verleiben sie sich ein. Sie sind praktisch die „Müllabfuhr" im Organismus; sie räumen krankes Gewebe, Viren, Verschmutzungen und Fremdproteine weg. Viele der attackierenden Antigene, die in den Körper eingedrungen sind, werden von ihnen zerstört. Ihnen kommen aber auch andere weiße Blutkörperchen zu Hilfe, wie z. B. die zytotoxischen (zelltötenden) Zellen, die sogenannten Effektorzellen.

Die Schlacht endet mitunter mit einem Ausfluß von Eiter oder eitrigem Schleim. Dieser besteht aus den Überresten von Fremdkörpern und Phagozyten.

Sie können die Abwehrprozesse in Ihrem Körper unterstützen, indem Sie die Abwehrzellen zu Ihrem gesundheitlichen Nutzen geistig beeinflussen (siehe auch Kapitel „Schöpferische Imagination programmiert unsere Entwicklung").

Die Entzündung – ein wunderbares Schutzschild

Diese großartige Erfindung der Natur stellt ein wunderbares Schutzschild dar, bei der eingedrungene Krankheitserreger und Schadstoffe eliminiert und die Überreste der Antigen-Antikörper-Reaktion, die sogenannten Immunkomplexe abgebaut und entsorgt werden. In der Naturheilkunde werden daher akute Entzündungen nicht mit Medikamenten unterdrückt, denn sie werden als Hinweis auf die funktionierenden Selbstheilungskräfte des Organismus eingeschätzt.

Bei der Entzündung handelt es sich um die Abwehrreaktion des Organismus und seiner Gewebe gegen verschiedenartige schädigende Reize mit dem Ziel, diese zu beseitigen. Meist wird die Entzündung durch mechanische Einflüsse wie Druck oder Fremdkörper, durch chemische Substanzen oder physische Faktoren wie Temperatur bzw. Strahlen, oder durch feindliche Mikroorganismen verursacht. Sie kann aber auch durch vom Körperinneren wirkende Reize, wie z. B. durch den Verfall von Zellen maligner Tumoren verursacht werden. Eine Entzündung kann ohne oder mit Beteiligung von immunpathologischen Mechanismen ablaufen.

Die tieferen Geheimnisse der Entzündungsreaktion

Wenn durch eine Gewebeverletzung Krankheitskeime die äußere Barriere des Körpers überwunden haben, stellt die lokale Entzündungsreaktion den zweiten Abwehrmechanismus des Körpers dar. Die direkte Schädigung der Zellen bewirkt eine Durchblutungsstörung mit Gefäßerweiterung, wodurch vermehrt Blutplasma und -zellen aus dem Blut in das Gewebe austreten und zu lokaler Zellvermehrung führen. Dadurch wird den Bestandteilen des Immunsystems, die die Eindringlinge bekämpfen, wie Phagozyten und lösliche Faktoren (Komplement), ein leichterer Zugang gewährt.

Als nächstes kommt es unter Adrenalinausschüttung zu einer nur einige Sekunden dauernden Verengung der Arteriolen (Gefäßabschnitt zwischen den Arterien und den Kapillaren, also den feinen Haargefäßen) mit einer Minderdurchblutung, die sich durch eine momentane Blässe zeigt. Unter dem Einfluß des vegetativen Nervensystems löst sich dann der Arteriolenspasmus, wodurch eine lokale Blutfülle und Rötung verursacht wird. Die nächste Phase ist durch hormonähnliche Mittlerstoffe bedingt und führt zur Verengung der kleinsten venösen Gefäße – den Venolen – mit Blutstau und in der Folge zu Schwellung.

Die Durchlässigkeitsstörung wird von den Neurotransmittern Histamin und Serotonin eingeleitet und von anderen aktiven Mittlerstoffen fortgeführt. Neurotransmitter sind in den Nervenenden gespeicherte, eine Erregung weiterleitende chemische Substanzen, die durch eine Reizung freigesetzt werden. An der Wanderung der Zellen sind vor allem neutrophile, eosinophile und basophile Granulozyten, Makrophagen und Lymphozyten beteiligt. Von ihrer Bewegungs- und Phagozytenleistung hängen Verlauf und Überwindung einer Entzündung wesentlich ab. Die lokalen Entzündungszeichen sind Rötung, Wärme, Schwellung, Schmerz und gestörte Funktion.

Die Phagozytose

Zunächst werden die Abwehrzellen zum Infektionsherd gelockt, wo sie eingedrungene Fremdkörper (Mikroorganismen, chemische Substanzen) und Zelltrümmer auffressen und verdauen. Der Phagozyt erkennt ein Bakterium durch Kontakt als körperfremd. Dieser Vorgang wird von den hormonartigen Mittlerstoffen Histamin und Serotonin unterstützt, die während der Entzündung freigesetzt werden. Die Freßzelle stülpt nun die Zellmembran ein, nimmt die Mikrobe auf und umhüllt sie. Die mit enzymatischer Flüssigkeit (Hydrolase) gefüllten Zellorganellen, die Lysosomen, bewegen sich zum Bakterium hin. Aus den Lysosomen werden die Enzyme in die Umhüllung abgesondert, um die darin enthaltene Mikrobe zu verdauen. Die dabei entstandenen Zelltrümmer werden später ausgestoßen.

An dieser Stelle möchte ich auf die im Kapitel „Die vier Säulen zur Stärkung des Immunsystems" aufgeführten Breitbandtherapeutika hinweisen, denn die in ihnen enthaltenen natürlichen Substanzen steigern die Makrophagenproduktion, verbessern die zellulare Immunität, erhöhen Thymus- und Milzwachstum, steigern die Reproduktion des Knochenmarks und stärken insgesamt die körperliche Abwehr. Es ist daher ratsam, im Fall von Verletzungen, Verbrennungen oder jeglicher Art von Streß den körpereigenen Heiler mit dem einen oder anderen natürlichen Mittel zu unterstützen.

Die spezifische (erlernte) Abwehr

Die spezifische Abwehr richtet sich gegen einen speziellen Krankheitserreger. Damit ist eine der Hauptfunktionen des Immunsystems angesprochen, nämlich die Produktion von angemessenen Antikörpern zum Unschädlichmachen toxischer Antigene und giftiger Proteine. Beim erstmaligen Kontakt mit dem jeweiligen Fremdkörper bildet der Körper Zellen zur speziellen Abwehr dieses Krankheitserregers aus, um bei einem erneuten Kontakt gewappnet zu sein. Diese spezifische, jeweils nur gegen einen einzigen Feind gerichtete Abwehr wird von den **Lymphozyten** getragen. Wenn also gefährliche Organismen die von anderen weißen Blutzellen aufgebauten allgemeinen Abwehrkräfte des Körpers überwunden haben, bewirken die Lymphozyten eine gezielte Abwehrreaktion. Sie halten sich zu 98 % im Gewebe auf, können aber bei Bedarf aus dem Gewebe ins Blut und aus dem Blut wieder zurück ins Gewebe treten.

Wie kommt nun die Antikörperbildung im einzelnen zustande? Wenn Keime in einen gesunden Körper gelangen, kostet deren Vernichtung keine besondere Anstrengung, solange deren Zahl gering ist. Normalerweise spüren wir gar nichts von den ständigen Auseinandersetzungen; fortwährend werden Mikroorganismen vernichtet, Abfallstoffe beseitigt, abgestorbene Zellen abgebaut und Krebszellen zerstört. Dabei opfern sich in jeder Sekunde unseres Lebens Tausende weißer Blutkörperchen.

Gelingt es den Viren, Bakterien oder Pilzen allerdings, die primäre Abwehrlinie zu überwältigen und sich erheblich zu vermehren, sind sie für den Körper etwas Neues. Da er keine Antikörper-Modelle im Blut besitzt, müssen Antikörper, also Spezialabwehrzellen, hergestellt werden. Diese Antikörper neutralisieren den Angreifer, indem sie sich an das Antigen koppeln und mit ihm zusammen einen sogenannten Immunkomplex bilden. Damit hat der Angreifer seine Ansteckungs- und Verbreitungspotenz verloren. Er ist kein Krankheitserreger mehr, kann sich weder vervielfältigen noch Giftstoffe absondern.

Der Immunkomplex stellt jedoch immer noch ein Antigen dar, also etwas, das nicht ins Blut gehört und beseitigt werden muß. Werden die Trümmer der Schlacht nicht beseitigt, können abgelagerte Immunkomplexe zu chronischen Erkrankungen führen. Zu diesen Immunkomplexkrankheiten gehört die akute Serumkrankheit und viele Autoimmunkrankheiten, bei denen der Organismus Antikörper produziert, die sich gegen das eigene Gewebe richten (z. B. rheumatoide Arthritis, systemischer Lupus erythematodes = Gefäßentzündung von Haut, Niere, Gelenken und Herzinnenhaut, diffuse fibrosierende Alveolitis = Entzündung der Lungenalveolen); ebenso bestimmte Formen der Glomerulonephritis = bakterielle Nierenentzündung, bakterielle Endokarditis = Herzinnenhautentzündung, Lepra, Malaria und chronisch-aggressive Hepatitis. Erst wenn im Blut keine Immunkomplexe, sondern nur noch freie Antikörper nachgewiesen werden, ist die Infektion endgültig beseitigt. Erst dann kann man hoffen, daß keine Folgeschäden eintreten.

Das bedeutet, daß die natürlichen Antibiotika, wie Grapefruitkern-Extrakt, Teebaumöl, Colloidales Silber, Wasserstoffperoxid oder Lapacho-Tee gewechselt werden, damit keine resistenten Mikrobenstämme gezüchtet werden.

Gewöhnlich schwellen schon nach kurzer Zeit die Lymphknoten ab. Wichtig ist auch, sich gedanklich mit dem Heilungsprozeß auseinanderzusetzen. Dazu ist es ratsam, sich die einzelnen weißen Blutzellen und ihre Funktionen genau vorzustellen. Die verschiedenen Blutkörperchen haben unterschiedliche Aufgaben zu bewältigen. Am Ende dieses Kapitels sind die einzelnen Immunzellen beschrieben.

Die normalerweise linsen- bis bohnengroßen **Lymphknoten** sind sekundäre Organe des lymphatischen Systems. Ihre Aufgabe ist es, die Lymphe von den durch Phagozytose erzeugten Trümmern zu filtern. Sie stellen regelrechte Bastionen dar, in denen sich die Abwehrzellen verschanzen und vervielfältigen. In diesen über den gesamten Organismus verstreuten Abwehrzentren finden auch die eigentlichen Auseinandersetzungen zwischen den Lymphozyten und den Antigenen statt, denn jeder Eindringling muß an den Lymphknoten vorbei.

Findet ein besonders heftiger Abwehrkampf statt, schwellen die zahlreich in der Leiste, unter den Armen und am Hals vorhandenen Lymphknoten an. Diese strategischen Punkte sollen verhindern, daß Krankheitserreger von Armen und Beinen in den Körper und folglich in den Kopf überwechseln können. Bei einer sehr starken Infektion kann auch eine Entzündung der Lymphgefäße, eine Lymphangitis (im Volksmund: Blutentzündung) entstehen. Sie zeigt sich in dünnen roten Linien, die vom Infektionsherd zum nächstgelegenen Lymphknoten verlaufen. In diesem Fall sollte neben der diagnostischen Abklärung durch den Arzt die Dosierung von immunsystemstärkenden Substanzen, wie Grapefruitkern-Extrakt, Echinacea oder Colloidales Silber auf das Drei- bis Vierfache erhöht werden.

Alle Lymphknoten sind in einem weitverzweigten Versorgungsnetz miteinander verbunden und somit an einen Kreislauf angeschlossen, der neben dem Blutkreislauf eher vernachlässigt wird. Die Lymphe, die durch die Lymphbahnen durch den ganzen Körper fließt, stellt ein Bad für die Zellen dar, und das Lymphsystem bietet eine kontinuierliche Reinigung auf zellularer Ebene. Durch das lymphatische System wird die Flüssigkeit zwischen den Zellwänden entwässert, wodurch Abfallprodukte, Gifte und andere Trümmer vom Gewebe mit herausgewaschen werden (siehe auch Kapitel „Lymphreinigung und Wirbelsäulenregeneration entgiften und machen frei").

Die **Rachen- und Gaumenmandeln** bilden eine Schranke für alle Keime, die mit der Atemluft und der Nahrung aufgenommen werden. Doch leider ist eine Entfernung der Mandeln in der frühen Kindheit schon fast zur Regel geworden. Ebenso radikal wird mit dem sogenannten Blinddarm verfahren, der von schulmedizinischer Seite als ein nutzloser Anhang betrachtet wird, so, als ob der Schöpfung hier ein Fehler unterlaufen sei und Mutter Natur eine Pfuscharbeit geleistet habe.

Professor Faller sieht das allerdings anders. Er zählt den **Wurmfortsatz** zu den lymphatischen Organen, aus dem, wie auch aus den Lymphknoten, der Milz, der Thymusdrüse, den Mandeln und aus den im ganzen Darmrohr und in den Atemwegen zerstreuten Lymphfollikeln ständig Lymphozyten in die Lymphflüssigkeit einwandern. Auch die „Fit–fürs–Leben"-Autoren, Harvey und Marilyn Diamond, gehen davon aus, daß der aus dem Dickdarm herausragende Appendix des „Blinddarms“ ein Lymphorgan ist, das die Toxine des Colons entgiftet. Die oftmals übereilt und unreflektiert entfernten Mandeln und der Appendix des Blinddarms sind Organe der Immunabwehr und jedes noch so kleine Körperteil besitzt eine Funktion. Wir tun gut daran, nicht leichtfertig darauf zu verzichten. Die Diamonds berichten über einen Arzt, der als Medizinstudent an einer schweren Blinddarmentzündung litt, und der Aktionsradius seines Hausarztes nicht über eine vorgeschlagene Abtrennung des „nutzlosen Wichts“ hinausreichte. Ein daraufhin aufgesuchter Naturheilkundiger riet gegen die Entfernung des Organs und verordnete ein siebentägiges Fasten sowie eine natürlichere Ernährung. Nach 30 Jahren hatte Dr. Burton immer noch seinen Appendix. Über den zerstörerischen Umgang mit unserem Immunsystem informiert auch das Kapitel „Wie entstehen Immundefekte".

Dr. med. Karl J. Pflugbeil, Chefarzt am Schwarzwald-Sanatorium Obertal und Dr. Irmgard Niestroy, Mitglied des Ärztekollegiums dieser Privatklinik für Innere Medizin und Naturheilverfahren, sind davon überzeugt, daß die **Leber** im Immunsystem ebenfalls einen wichtigen Platz einnimmt. Das größte Organ in unserem Körper verfügt über ein eigenes unspezifisches Immunsystem, das sich gegen alles richtet, was als fremd und gefährlich erkannt wird.

Zu diesem Immunsystem gehören die die Innenwände der Blutkapillaren in den Leberläppchen säumenden **Kupfferschen Sternzellen**. Mit ihren sternförmigen, in den Blutstrom ausgestreckten Fortsätzen fangen sie körperfremde Stoffe, wie Krankheitserreger und giftige Substanzen aus dem Verdauungstrakt auf und bauen sie ab;

ebenso überalterte, in Zersetzung begriffene Körperbestandteile, insbesondere zerfallene rote Blutkörperchen. Die Kupfferschen Sternzellen sind festsitzende Freßzellen bzw. Phagozyten und als solche Hauptbestandteil des Monozyten-Makrophagensystems, einer speziellen Funktionseinheit des Immunsystems, das sich in einem Netzwerk über Leber, Lungen, Mandeln, Milz und Lymphknoten ausbreitet. Seine Aufgabe ist die Immunregulation, die Kooperation mit Lymphozyten und die Synthese unterschiedlicher biologisch aktiver Substanzen.

Immunkompetente Zellen – Schutzschild des Körpers

Überall in der Literatur wird das Immunsystem als ein kriegerischer Truppenverband und die Abwehrzellen als wehrpflichtige Streitkräfte auf einem Kriegsschauplatz dargestellt, und oftmals habe ich hier die Ausdrucksweise der Einfachheit halber übernommen. Aber unser wunderbarer innerer Heiler erweist sich eher als ein Schutzbündnis, bei dem alle Abwehrzellen wie ein perfektes Symphonieorchester aufeinander abgestimmt sind.

Die aus dem Knochenmark stammenden **B-Lymphozyten**, die Vorläufer der Plasmazellen, sind neben den T-Zellen, die noch ausführlich beschrieben werden, die wichtigsten Zellen der Immunreaktion des Körpers. Sie tragen auf der Zelloberfläche spezifische Antigenrezeptoren, sogenannte Surface-Immunglobuline oder Oberflächenrezeptoren, und können sich bei Stimulation durch entsprechende Antigene zu antikörperbildenden Plasmazellen oder sogenannten Gedächtniszellen entwickeln. Diese langlebigen (B- und T-)Lymphozyten die für das immunologische Gedächtnis verantwortlich sind, ermöglichen bei jedem erneuten Antigenkontakt eine schnelle zellvermittelte Immunantwort.

Mit Hilfe von aus einem Zellklon künstlich hergestellten Antikörpern oder Immunglobulinen, den sogenannten monoklonalen Antikörpern, ist es Wissenschaftlern gelungen, Methoden zur Zählung der Immunzellen zu entwickeln und ihre spezifischen Zuständigkeiten im Immunsystem genauer zu erforschen. Man hat aus Plasmazellen Antikörper erzeugt, die auf ganz bestimmte Antigene reagieren. Nach radioaktiver Markierung dieser Antikörper konnte genau verfolgt werden, wie und wo sie angreifen. Dabei wurde herausgefunden, daß 10 bis 20 % der peripheren Lymphozyten sogenannte B-Lymphozyten sind, die gegen bakterielle und virale Infektionen wirken, bei Allergien auch auf so harmlose Stoffe wie Blütenpollen reagieren, aber auch eine Waffe gegen Krebs darstellen. Es wird nämlich oft beobachtet, daß bösartige Tumore mit Lymphozyten durchsetzt sind, und je höher die Lyphozyteninfiltration ist, desto günstiger ist auch die Prognose für einen günstigen Verlauf der Erkrankung.

70 bis 80 % der im Blut zirkulierenden Lymphozyten sind **T-Lymphozyten**, d. h. thymusabhängige Lymphozyten oder kurz T-Zellen. Sie reifen in der Zeit kurz vor der Geburt und während der Kindheit. Diese Spezialabwehrzellen machen in der Thymusdrüse eine Spezialschulung durch. Nach Abschluß der drei- bis viertägigen Ausbildung werden aus diesen Thymozyten unter dem Einfluß von Thymusfaktoren (sog. Thymushormonen) T-Lymphozyten, die nun fähig sind zu erkennen, was körpereigene, was fremde Strukturen sind, was gesund und was krank, was harmlos und was gefährlich ist. Thymozyten, deren Programmierung nicht perfekt ist und die z. B. „selbst" als „nicht selbst" oder umgekehrt erkennen, werden sofort eliminiert.

Wie dieses Erkennen jedoch vor sich geht, ist noch nicht in allen Einzelheiten bekannt. Vielleicht ist die auf metaphysische Zusammenhänge basierende oder mittels moderner Computertechnik erklärbare Deutung zutreffend, nach der alle Erfahrungen unserer Vorfahren in unseren Genanlagen „gespeichert" sind. Dr. Hermann Geesing gibt zu bedenken, daß dort alle Lebensrisiken, auch jene, die vor Jahrmillionen schon gegeben waren, milliardenfach registriert sind und zwar mit allen Möglichkeiten einer richtigen Antwort und daß Gesundheit letzthin darin besteht, daß unser Immunsystem auf alles, was ihm begegnet, die passende Antwort findet und sie gezielt, aber auch maßvoll einsetzt.

Als wichtigste Zellen der zellvermittelten Immunreaktion siedeln sich die T-Lymphozyten in den sekundären Organen des lymphatischen Systems (Milz und Lymphknoten) an und sind hauptsächlich zuständig für die Abwehrkraft der Körperzellen. Als Führungskräfte des Immunsystems müssen sie darüber entscheiden, wann und wo angegriffen wird und welche Antikörper eingesetzt werden. Dabei kann unter dem Elektronenmikroskop beobachtet werden, wie die T-Zellen ihr Wissen an andere weiße Blutkörperchen weitergeben, und zwar sieht es so aus, als ob sie bei der Begegnung mit weißen Blutkörperchen „Antennen" ausfahren, mit denen sie ihre „Gesprächspartner" berühren, um so die Information weiterzugeben. Die angesprochenen Blutkörperchen machen sich dann sofort daran, sich in angemessener Zahl durch Teilung zu vervielfältigen oder Antikörper herzustellen. So aktivieren, steuern und kontrollieren die T-Lymphozyten über Botensubstanzen, die sogenannten Lymphokine, das gesamte Immunsystem.

Zwischen den thymusabhängigen Lymphozyten hat man Unterklassen, die Helfer-T-Zellen, Suppressor-T-Zellen und die Killer-T-Zellen identifiziert.

Die **Helferzellen**, auch T-4-Lymphozyten genannt, wirken auf nicht geschulte Abwehrzellen ein. Sie aktivieren nach Kontakt mit antigenpräsentierenden Zellen Makrophagen und Killer-T-Zellen und fördern die klonale Vermehrung und Reifung von spezifisch sensibilisierten B-Lymphozyten zu Plasmazellen sowie die Bildung von spezifischen Antikörpern (de Gruyter 1990, S. 663). Die stimulierenden Effekte werden unter anderen durch Lymphokine (Interleukine, Interferone etc.) zum Teil durch direkten Zellkontakt vermittelt. Das HI-Virus greift in der Regel diese T-4-Zellen an und schädigt daher ernsthaft die Immunabwehr des Körpers, wodurch sich opportunistische Infektionen frei entfalten können. Für die Regulation bzw. Modulation der Immunantwort sind neben den Helferzellen die **Sup-**

pressorzellen bedeutsam. Diese auch T-8-Lymphozyten genannten Zellen sorgen dafür, daß von vornherein nicht zu viele B-Lymphozyten gebildet werden, daß also nach erfolgreicher Abwehr die Immunkräfte gehemmt und dadurch überschießende Reaktionen verhindert werden. Unter den Suppressorzellen gibt es Spezialeinheiten, die virusinfizierte Zellen zerstören. Im gesunden Immunsystem ist das Verhältnis zwischen Helfer- und Suppressorzellen 2:1.

Durch die am Anfang des Kapitels genannte Methode zur Zählung der Immunzellen (monoklonale Antikörpermethode) ist es möglich, den genauen Immunstatus zu bestimmen und zu verfolgen, wie er sich bei Krankheiten verändert und auch welche positiven und negativen Auswirkungen Medikamente auf die Immunsituation haben. Dabei wurde nachgewiesen, daß bei 95 % aller chronischen Leiden – aber auch bei Krebs – das Immunsystem geschwächt ist. Bei Krebspatienten ist das Verhältnis Helfer- zu Supressorzellen 1:1, in fortgeschrittenen Fällen sogar 1:2. Diese Werte lassen sich oft schon nachweisen, bevor überhaupt ein Tumor diagnostiziert wird. Durch diese Art der Früherkennung kann der Patient mit abwehrstärkenden Mitteln seinen Immunstatus rechtzeitig verbessern und dem Krebs durch eine krebshemmende, fettfreie und vitaminreiche Ernährung Einhalt gebieten.

Zu den thymusabhängigen (T-)Lymphozyten zählen auch die zytotoxischen **T-Killerzellen**, die fremde Zellen in direktem Kontakt töten, wobei sie mit dem Eiweiß Perforin die Zellmembranen der Fremdzelle aufbrechen. Neben den B- und T-Lymphozyten verfügt der Abwehrzellenverband noch über die **Nullzellen.** Dies sind Lymphozyten, die weder zu den B- noch zu den T-Lymphozyten gehören. Dazu zählen die **Killerzellen** (K-Zellen), die nur Zellen töten, die mit bestimmten Antikörpern markiert sind und die **Natürlichen Killerzellen** (NK-Zellen), die spontan, ohne vorherige antigene Stimulation und ohne Beteiligung von Antikörpern unspezifische Geschwulstzellen und virusbefallene Zellen töten. Sie werden dazu von Interferonen, Interleukinen und anderen Immunmodulatoren angeregt.

Immunität bedeutet unser Körper hat gelernt

Wie wird unser Organismus nun unempfänglich für eine Infektion mit Krankheitserregern, wie erreichen wir Immunität? Nach dem ersten Kontakt mit den pathogenen Mikroorganismen bilden die Plasmazellen innerhalb von etwa zehn Tagen Antikörper. So lange dauert es, bis der Körper „aufgerüstet" ist und zum großen Schlag ausholen kann. Die nun ablaufenden Antigen–Antikörper–Reaktionen führen bei manchen Infektionen zu Hautausschlägen, wie z. B. bei Masern, Windpocken und Röteln. Nach dem Überstehen der Krankheit behalten einige Lymphozyten als „**Gedächtniszellen**" die Fähigkeit zur Bildung des speziellen Antikörpers, und bei einem erneuten Kontakt mit dem Krankheitserreger wird dieser sofort durch die Antikörper unschädlich gemacht. Es kommt dann gar nicht mehr zum Ausbruch der Krankheit.

Nach bestimmten Erkrankungen, wie z. B. Masern, hält die Antikörperbildung zeitlebens an, sofern der Körper nicht zu stark geschwächt ist. Bei anderen Infektionserkrankungen ist die Immunität kürzer. Von grippalen Infekten kann man jedes Jahr heimgesucht werden. Dies liegt nicht nur daran, daß es eine große Anzahl unterschiedlicher Erreger gibt, sondern hat vor allem damit zu tun, daß aufgrund der heutigen Ernährung und Lebensweise unser Immunsystem den ständigen Belastungen nicht mehr gewachsen ist. Daher müssen wir öfters mal abschalten, dem Alltagstrubel entrinnen, uns besinnen wer wir sind und durch den Geist unsere Selbstheilungskräfte beeinflussen.

Wie im Kapitel „Maßnahmen zur Stärkung des Immunsystems" näher erläutert, steht das Gehirn in ständigem Dialog mit dem Immunsystem. Ebenso wie wir unseren Körper durch ein erzwungenes Lachen täuschen und damit psychosomatisch positive Auswirkungen erreichen können, ist es auch möglich, durch das Visualisieren von Abwehrmaßnahmen der auch als „Körperpolizei" bezeichneten weißen Blutkörperchen sich die Immunität herbeizudenken bzw. den Heilungsprozeß zu forcieren. So kann beispielsweise ein Krebskranker sich vorstellen, wie die von Interferonen aktivierten natürlichen Killerzellen seine bösartigen Zellen töten.

Wie entstehen Immundefekte?

Ein Neugeborenes ist in der Regel in den ersten sechs Monaten vor bakteriellen und viralen Infektionen geschützt, sofern es nicht mit einer Immunschwäche geboren wird. Der Schutz erfolgt durch Antikörper, die der Fetus über das mütterliche Blut bereits im Mutterleib erhalten hat. Außerdem enthält die Muttermilch, vor allem die vom 1. bis 10. Tag nach der Geburt ausgeschiedene Vormilch, spezielle Substanzen, wie etwa die Gamma-Linolensäure, die sich im Körper in hormonartige entzündungshemmende Substanzen umwandelt. Im ersten Halbjahr nach der Geburt entwickelt sich dann das Immunsystem. Der zeitweilige Rückgang des Stillens kann als ein Faktor für das Ansteigen von Immundefekten betrachtet werden.

Immundefekte entstehen auch durch unsere heutige Ernährung. Wir essen zu viel, zu süß und verleiben uns auch häufig zu fette Speisen ein. Die Jäger und Sammler der Urzeit deckten ihre Nahrung noch zu mehr als Zweidrittel aus Kohlehydraten (Stärke), der Rest bestand aus Protein und Fett. In unserer Wohlstandsgesellschaft nehmen die Menschen nur noch knapp 30 % Kohlehydrate zu sich, ferner besteht die tägliche Kost zu fast 40 % aus Fett, etwa 25 % aus Zucker und zu zirka 8 % aus Protein. Ungefähr ab 10.000 v.Chr., als die Menschen seßhaft wurden, hatte ihre Nahrung mit knapp 84 % einen sehr hohen Anteil an Kohlehydraten; nur 4 % der Kohlehydrate bestand aus Zucker.

In den westlichen Industrienationen ist allgemein bekannt, daß der Verzehr von reichlich Obst und Gemüse das Krebsrisiko mindert und einige Krebsarten mit einem hohen Fettkonsum in Zusammenhang gebracht werden müssen. Darauf hat der Makrobiotik-Papst Michio Kushi schon vor mehr als zwölf Jahren aufmerksam gemacht. In seinem

Buch „Cancer and Heart Disease“ berichtet er über die erzwungene fettlose Kost der Holländer nach dem Einmarsch der Nazis während des 2. Weltkriegs. – Alles, was in Holland an tierischen Produkten wie Fleisch, Wurstwaren, Käse, Butter und Eier vorzufinden war, wurde geplündert. Da die Niederländer sich nun ausschließlich von dem ernähren mußten, was auf dem Feld wuchs, ging die Krebsrate in manchen Gebieten um zirka 60 % zurück, stieg allerdings nach Kriegsende wieder auf ihre alten Werte an.

Dieses Beispiel sagt mehr aus, als die übrigen Hypothesen über die Entstehung von Krebs. Auch läßt es vermuten, daß die neuerliche Euphorie über die Möglichkeit, das Krebswachstum gentechnisch zu stoppen, bald wieder abebbt und der Hoffnungsschimmer, endlich sorglos bis zum süßen Ende schlemmen zu können, verblaßt. Denn der beste Weg zu einem wirkungsvollen Immunsystem führt immer noch über eine gesunde, der menschlichen Natur entsprechenden Lebensweise.

Ich möchte jetzt weitere potentielle Ursachen, die zu Immundefekten führen, aufzeigen.

Immunisierung – Schutzimpfung oder Angriff auf unser Schutzschild?

Die Schulmedizin sucht nach den Ursachen von Krankheiten vor allem in Mikroorganismen und immer kleineren Genpartikeln und betrachtet die Erkrankung vorab als etwas Feindliches, das bekämpft werden muß. Dabei läuft sie aber Gefahr, die Kräfte und Weisheiten des Lebendigen und die Würdigung des Individuums aus den Augen zu verlieren. Immer mehr Menschen zweifeln an den gewaltigen Errungenschaften der Medizin und suchen nach ganzheitlichen Heilverfahren.

Von besonderer Aktualität sind heute auch die Fragen zu den Impfungen gegen Kinderkrankheiten. Unter dem Einfluß der Angst, die ansteckender zu sein scheint als jede Kinderkrankheit, ist bei vielen Eltern das Vertrauen in die Selbstheilungskräfte ihrer Kinder auf der

Strecke geblieben. Dennoch beschäftigt sich eine ganze Reihe besorgter Eltern mit der Frage, ob sie ihren Babys Schutzimpfungen gegen Kinderkrankheiten, die nicht lebensgefährlich sind, zumuten sollen. Es wird kontrovers diskutiert. Ich persönlich halte sie aus verschiedenen Gründen für höchst unvernünftig, vor allem, da sie unserem inneren Heiler die Fähigkeit absprechen, seine von der Schöpfung zugedachten Aufgaben zu erfüllen.

Die Natur hat es so eingerichtet, daß unser Körper bei einer natürlichen Lebensweise Mittel und Wege besitzt, eindringende Bakterien, Viren und Pilze zu eliminieren. Wenn man davon ausgeht, daß die gerade in der Thymusdrüse trainierten Abwehrzellen eines Kleinkindes für den Ernstfall vorbereitet wurden, scheint es höchst widersinnig, Schutzimpfungen gegen Kinderkrankheiten durchzuführen. Zwar besitzt der Körper nun Antikörper gegen die Krankheiten, gegen die immunisiert wurde, aber er hat nie sein komplettes Abwehrsystem mit Fieber, Entzündungen und anderen Abwehrreaktionen aktivieren können. Daher kann davon ausgegangen werden, daß die auf Pasteurs „Keimtheorie“ basierenden Vorbeugeimpfungen gegen Mumps, Masern, Keuchhusten und andere Infektionskrankheiten ein weiterer Indikator für das Anwachsen von Immununterdrückung ist.

Nach Pasteurs Keimtheorie wird jede Krankheit von verschiedenen Keimen verursacht. Für die Heilung müssen die krankheitserregenden Mikroorganismen gefunden und identifiziert werden; die Behandlung ist auf die Zerstörung und Ausscheidung derselben gerichtet. Ein Tatbestand spricht gegen diese Theorie: Kinder, die „auf der Straße aufwachsen“, entwickeln ein stärkeres Immunsystem als jene, die von anderen Kindern isoliert und geschützt werden. Das beweist, daß bakterielle und virale Infektionen in der Kindheit helfen, das Immunsystem zu stärken bzw. die körpereigenen Abwehr- und Heilungsmechanismen auszubilden.

Wir finden allerdings auch genügend empirische Beweise gegen die Keimtheorie. Zum Beispiel konnten Kriegsgefangene ihre Mikrobenleiden ohne spezielle Therapie überwinden, kurz nachdem sie in ihre gewohnte Umgebung zurückgekehrt waren. Selbst in Fällen von Tuberkulose war eine rasche Genesung die Regel, obwohl keine mikrobenabtötenden Medikamente zur Behandlung vorhanden waren. Offenbar waren die Zustände, Anspannungen und Anpassungszwänge in den Gefangenenlagern verantwortlich, die zu seelischem und körperlichem Druck und dadurch zu einer vorübergehenden Schwächung des Immunsystems geführt haben. Wieder in Freiheit, hatten sich Hoffnungslosigkeit und Verzweiflung in Zuversicht und Mut verwandelt. Das Planen der Zukunft mit den lange vermißten Angehörigen, verbunden mit gesunder körperlicher Arbeit waren genau die Heilmittel, um die körperlichen Abwehrkräfte wieder zu stärken.

Das alte Problem der Wissenschaft ist, daß eine einmal etablierte Theorie schwer zu erschüttern ist, und alle Studien bewußt oder unbewußt so ausgelegt werden, daß sie die Hypothesen bestätigen. Zum Beispiel nahmen die ersten Bakteriologen an, sofern ein Diphtherie-Bakterium im Fall von Diphtherie gefunden wird, verursacht es Diphtherie. Wenn jedoch ein Diphtherie-Bakterium in einem gesunden Hals gefunden wird, muß es sich um etwas anderes handeln, um ein diphtherieähnliches Bakterium und daher um eine Krankheit, die Ähnlichkeit mit einer Diphtherie hat. So entstehen neue Krankheiten, die gar keine sind. Es dauert mitunter Dekaden bis zugegeben wird, daß sich eine Annahme als grundlos bzw. falsch herausgestellt hat und die Notwendigkeit eingesehen wird, von den antiquierten Theorien loszukommen. Bis dahin wird das Immunsystem von Millionen Kindern und Erwachsenen unterdrückt, und mitunter können Impfungen sogar tödlich verlaufen, wie ich jetzt gleich darlegen werde.

Bei dem „wackeligen Fundament" künstlicher Immunisierung kann man Dr. Airola nur recht geben, daß er allenfalls die Tetanusimpfung als gerechtfertigt betrachtet, da die damit verbundenen Gefahren im Vergleich zur Krankheitsbedrohung offenbar gering sind. Der international anerkannte Ernährungswissenschaftler, Naturheilpraktiker und Autor einer ganzen Reihe von Büchern hat die Geschichte der Immunisierung von Kindern in Europa und in den USA gründlich untersucht und folgendes herausgefunden:

Dr. Airola über künstliche Immunisierung

In den europäischen Ländern, in denen Pflichtimpfungen gegen Diphtherie durchgeführt wurden, stieg die Erkrankungs- mitsamt der Sterberate um bis zu 55 % an, während in Schweden die Krankheit verschwand, ohne jegliche Immunisierung. In Schottland gab das Gesundheitsministerium zu, daß es von 1941 bis 1944 dreiundzwanzigtausend Fälle von Diphtherie unter Kindern gab, die Schutzimpfungen gegen die Krankheit erhalten hatten. Hundertachtzig davon starben. In Deutschland wurden 1940 Massenimpfungen von Kindern per Gesetz angeordnet, worauf die Zahl der Erkrankungen von 40.000 pro Jahr bis 1945 auf 250.000 angestiegen war. Auch heute gibt es noch genügend Fälle, wo Schutzimpfungen zu Gesundheitsschäden führen, denn überall in den USA haben sich Eltern in Selbsthilfegruppen organisiert, um auf die Problematik unnötiger Impfungen aufmerksam zu machen.

Bei der Immunisierung gegen Pocken sieht es nicht viel anders aus. Britische Statistiken zeigen eine maximale Sterblichkeitsziffer nach der Einführung der Pockenschutzimpfung.

Auch das „Center for Disease Control and Prevention" in Atlanta gibt zu, daß bei an Masern erkrankten Schülern im Alter zwischen 13 und 18 über die Hälfte gegen diese Virusinfektion geimpft worden waren. Bei der Immunisierung gegen Keuchhusten berichtet Gordon T. Steward im British Medical Journal vom 31.1.1976 über 8000 Fälle, von denen ebenfalls jene Kinder häufiger erkrankten, die Schutzimpfungen erhalten hatten.

Auch von den 8 Polio-Fällen, die jährlich seit 1979 in USA bekannt werden, wurde keiner durch natürliche Wildviren verursacht, sondern durch die Viren des Schluckimpfstoffs, einer abgeschwächten laborgezüchteten Form (Buchwald 1997).

Lebendimpfstoffe können Krankheiten auslösen

Und kein anderer als Dr. Jonas Salk selbst, der die Polioimpfung einführte, gab zu, daß lebende Virus-Impfstoffe gegen Grippe und Kinderlähmung in jedem einzelnen Fall die Krankheiten, die sie verhüten sollen, auslösen können. Diese Aussage wird mir immer wieder faktisch bestätigt, wenn ich von Leuten höre, die dem Aufruf der Medien, sich gegen Grippe impfen zu lassen, nachgekommen und nach der Immunisierung dennoch an einer besonders schweren Grippe erkrankt waren. Nach solchen Erfahrungen lassen sich die Betroffenen bestimmt nicht noch einmal von diesen angstmachenden Appellen aufscheuchen. Denn wer von ihnen würde sich noch einmal überzeugen lassen, ihr Immunsystem durch gespritzte Krankmacher zu belasten? In *Science Abstracts*, Vol. 195, vom April 1977 macht Salk auch noch auf ein weiteres Problem mit Impfungen aufmerksam: Die Impfstoffe gegen Masern und Mumps können eine Hirnhautentzündung als Nebenwirkung hervorrufen. Letztere Entzündung führt in 60 % der Fälle zum „postenzephalitischen Parkinson-Syndrom".

Dr. med. Gerhard Buchwald zeigt in seinem Buch „Impfen, das Geschäft mit der Angst" auf, daß die Gefahren, denen Kinder durch Impfungen ausgesetzt werden, am deutlichsten zu erkennen sind, wenn wir die bei den 16 deutschen Versorgungsämtern eingereichten Impfschadenanträge mit den Zahlen von ungünstigen Ausgängen von Infektionskrankheiten vergleichen. Von 1987 bis 1995 wurden insgesamt 9470 Impfschadenanträge eingereicht. Demgegenüber lagen die Erkrankungs- inklusive der Sterbefälle bei den fünf Infektionskrankheiten Diphterie, Kinderlähmung, Wundstarrkrampf, Masern und Keuchhusten im selben Zeitraum bei insgesamt 344.

Auch der Artikel in „Die Zeit" vom 21.1.94 über die Diphterieepidemie im „durchgeimpften" Rußland gibt Aufschluß über die Unwirksamkeit von Schutzimpfungen. Denn wie kann es zu den „Epidemien größten Ausmaßes in Rußland" kommen, das „Tausend getötet“ hat, wo dieses Land von früheren Impfexperten der ehemaligen DDR doch als Vorbild hingestellt worden war? Wie kann in einem Land, in dem jeder gegen Diphterie geimpft worden war, eine Diphterieepidemie ausbrechen? Doch nur deshalb, weil Impfen weder schützt noch nützt, sondern schadet.

Meine ganz persönlichen Erfahrungen mit Schutzimpfungen lassen den Schluß zu, daß sie rundweg untauglich sind. Sie belasten unseren Organismus mit Toxinen und verdummen außerdem das körpereigene Abwehrsystem, sofern sie es nicht ganz zum Erlahmen bringen. Eine Freundin aus Yuma, Arizona, die mit mir gerade einen Kurztrip durch Europa machte, lieferte noch ein Paradebeispiel gegen die Immunisierungstheorie. Ihr Mann, ein Chiropraktiker, war damals strikt gegen die gesetzliche Dreifachimpfung seiner Kinder, die in den USA nur aus religiösen Gründen abgelehnt werden kann. Dr. Madrid war davon überzeugt, daß die Injektionen nicht notwendig sind, da seine Kinder mit dem Kolostrum, der ersten Muttermilch, eine natürliche Immunität erhielten. 1987 brach in Yuma eine Masernepidemie aus. Über die Hälfte aller Kinder in der Klasse der Tochter der Madrids waren erkrankt. Doch sie und ihre beiden Brüder, die nicht geimpft worden waren, erwiesen sich als immun gegen das Masern-Virus.

Wieso kommt es, daß die Schulmedizin die Schöpfung ständig in Frage stellt? Die Tiere in der freien Wildbahn kommen doch auch fortlaufend mit allen möglichen Mikroorganismen in Berührung und werden damit fertig. Für alle Krankheiten hat die Natur Schutzmaßnahmen getroffen und Kräuter wachsen lassen. Hippokrates wußte das noch.

Immerhin läßt hoffen, daß mittlerweile auch schon eine wachsende Zahl von Ärzten ihre Skepsis bezüglich zwangsmäßigen Impfungen ausdrücken, da alle Impfstoffe toxisch und potentiell riskant für empfindliche Personen sind, besonders aber für sehr junge und sehr alte Menschen. Aufgrund der negativen Reaktionen sind die Impfungen genauso schlimm oder sogar schlimmer als die Krankheit selber und das Risiko der Spritzen kann erheblich schwerer wiegen als der

Nutzen. Ebenfalls gibt es eine wachsende Anzahl von Wissenschaftlern, die sagen, daß sogenannte pathogene Mikroben nicht immer, wenn überhaupt, der Grund für die Erkrankung sind. Einer der bekanntesten, Dr. Peter Duesberg, Professor für Molekularbiologie an der kalifornischen Universität in Berkeley und HIV-AIDS-Dissident, ist beispielsweise davon überzeugt, daß das Human Immunodeficiency Virus (HIV) ein latentes, nicht pathogenes Virus ist und damit auch nicht Verursacher von AIDS. Nach Duesbergs Auffassung ist AIDS durch übermäßigen Konsum legaler und illegaler Drogen und durch andere nicht ansteckende Risikofaktoren erworben (Duesberg 1992; siehe auch Kapitel „Immunschwächeerkrankungen").

Medikamente – wie gefährlich können sie sein?

Es ist nicht leicht, sich in unserer fortschrittlichen Zeit ein funktionierendes Immunsystem zu erhalten. Dafür sorgt schon die übliche Verschreibungspraxis. Wer einen Zahn gezogen bekommt oder seine Grippe schnell loswerden möchte, kann mit einem Antibiotika-Rezept rechnen, obwohl grippale Infekte von Viren hervorgerufen werden und Antibiotika da nichts ausrichten können. Diese unsere natürliche Darmflora zerstörenden „Lebenskiller" werden Kindern mitunter schon bei einem einfachen Schnupfen verordnet. Und dabei zeigt die laufende Nase lediglich das Bemühen des Körpers an, sich von den Giftstoffen zu befreien. Manchmal handelt es sich aber auch um eine Allergie, die falsch diagnostiziert wird. Antibakteriell wirkende Mittel sind in diesen Fällen völlig ungeeignet und daher nutzlos. Wenn die Kleinen dann das Kindergartenalter erreicht haben, sind sie oft schon bis zur Halskrause voll mit „Medizin". Professor Steven Rochlitz spricht von einer „internationalen Tragödie", und das routinemäßige Verschreiben von Antibiotika hat vermutlich die häufigste durch den Arzt verursachte Krankheit auf diesem Planeten erzeugt, die Candida-Mykose.

Fast alle Teilnehmer meiner Spirulina-Studie (siehe hierzu mein Buch „Spirulina, das blaugrüne Wunder"), die an Immunschwäche oder Immunmangelkrankheiten leiden oder litten, gaben an, mit Penicillin, Sulfonamiden, Cortison und anderen chemischen Arzneien behandelt worden zu sein. Da solche Medikamente ebenso wie entzündungshemmende Mittel, Schmerzmittel, die Antibabypille und andere auch unsere „freundlichen" Darmbakterien abtöten, hat der Darm, das größte Abwehrorgan im Körper, seine Funktion schon mal eingebüßt. Denn vor allem die Lactobazillen und Bifidobakterien unterstützen das Immunsystem bei der Abwehr feindseliger Erreger. Da die gängigen Antibiotika nur gegen Bakterien, nicht aber gegen Pilze wirken, ist eine Infektion durch Pilzüberwucherungen und somit eine weitere Schwächung des Immunsystems schon vorprogrammiert. Auch werden viel zu oft und bedenkenlos Cortisone verabreicht, einfach nur, weil sie schnell wirken und so der Patient das Gefühl hat, ihm wurde geholfen. Die Folgen können allerdings fatal sein, denn Cortisone haben die Eigenschaft, das Immunsystem innerhalb weniger Stunden nach Einnahme fast völlig lahmzulegen; sie schwächen und vermindern unsere Abwehrzellen.

Im Kapitel „Maßnahmen zur Stärkung des Immunsystems" finden Sie eine Reihe von natürlichen Alternativen zu den chemischen Medikamenten, die mit Bakterien, Viren, Pilzen und anderen Parasiten fertig werden, ohne dabei Ihre körpereigenen Kräfte zum Erlahmen zu bringen, im Gegenteil sie werden noch gestärkt.

Streß schädigt unser Immunsystem

Auch wenn wir uns der täglichen Belastungen oft nicht bewußt sind, können sie auf Dauer unsere körpereigene Abwehr schwächen. Die Überforderungen können durch Geräuschbelastung und Überarbeitung hervorgerufen werden, aber auch durch alles, was uns Angst macht, was uns anspannt, Zwänge, Konkurrenz, Intrigen, Schuldgefühle, langanhaltende Trauer. Wer sich ständig zwischen unlösbaren Konflikten zerreibt, wer sich bedroht oder unterdrückt fühlt, wer fortwährend in einer vermeintlich ausweglosen Situation lebt und von

Groll, Neid oder Sorgen aufgefressen wird, der kann damit rechnen, einen Immundefekt zu entwickeln. Dr. Batmanghelidj fügt noch einen weiteren Streßfaktor dazu, nämlich die Austrocknung des Körpers (siehe Kapitel „Die *Sieben Essentiellen* zur Aufrechterhaltung eines funktionierenden Abwehrsystems").

Normalerweise wird die dem Streß zugrundeliegende geistige Erregung auf die Nerven übertragen. Der auf kurzdauernde Maximalleistung und Kampfbereitschaft eingestellte Teil des vegetativen Nervensystems, der Sympathikus, setzt den Körper in Alarmbereitschaft. Als der Mensch sich noch mit wilden Tieren auseinandersetzen mußte, war dies eine Reaktion, die ihm beim Überleben half. Sie bereitete ihn auf Kampf oder Flucht vor.

Durch die vermutete Krisensituation mobilisiert der Körper alle Kräfte und schüttet verschieden starke Hormone aus – u. a. Endorphine, Cortisone und das gefäßverengend wirkende Vasopressin – die dazu führen, daß der Blutdruck steigt, die Herzfrequenz zunimmt, sich das Bewußtsein klärt und die Hände feucht werden, damit sie besser zupacken können. In einer Streßsituation erleben wir die gleichen Körperabläufe, doch in der Regel kämpfen wir nicht, können also unsere Erregung nicht nach außen abreagieren. In Bewegungslosigkeit verharrend, richten wir unsere Aggressionen nach innen.

Unter „Maßnahmen zur Stärkung des Immunsystems" finden Sie Mittel und Wege, sinnvoll mit Streß umgehen zu können.

Ernährungsfehler und eine unnatürliche Lebensweise machen uns krank

Der Mensch ist das einzige Säugetier, das seine Nahrung erhitzt. Die Hitzebehandlung soll die Nahrung besser bekömmlich machen! Ach, ja? Sind es die Tiere in der freien Natur, die Medikamente zur besseren Verdauung und zigtausend andere Arzneien benötigen, um ihre Leiden ertragen zu können? Und wie sieht es mit Sehhilfen und Zahnersatz aus? Der Mensch ist auch das einzige Säugetier, das nach der Entwöhnung Milch trinkt – sogar noch von artfremden Spezies. Und dann erhitzen wir diese Kuhmilch auch noch, obwohl die durch Pasteurisierung erhitzte Milch kein so guter Calciumlieferant mehr ist.

Dr. Winfried Beck weist in „Fit fürs Leben“ 5/95 darauf hin, daß die Aufnahme von Eiweiß und Calcium aus Milchprodukten zu einer forcierten Ausscheidung von Calcium führt. Dies rührt vor allem daher, daß durch das Erhitzen die für die Verdauung notwendigen Enzyme abgetötet sowie das Milcheiweiß und die Mineralien teilzerstört sind, bei der H-Milch sogar gänzlich. Das Mineral Calcium ist an das Milcheiweiß Kasein gebunden und wird, wie unter dem Mikroskop zu sehen ist, selbst nach kurzzeitiger Erhitzung zu einer verfilzten Masse, die von der Leber nicht mehr verwertet werden kann (Professor Kollath). Diese verfilzten Milcheiweiße führen nach Professor L. Wendt zur Arterienverschlackung und zu Eiweißspeicherkrankheiten. Daß aufgrund verschiedener Faktoren das Calcium der Milch für den Organismus schlecht verwertbar ist bestätigen Dr. Beogasa, Dr. McDougall und Dr. Hoffmann.

Dr. A. M. L. Beogasa macht in seinem Buch „Kampf der Arthrose“ deutlich, daß ohne eine entsprechende Magnesiumkonzentration die Proteinsynthese und damit auch die Calciumabsorption nicht in dem Maße stattfindet, daß Knochenmatrix aufgebaut werden kann. Dr. John A. McDougall führt die Osteoporose auf eine mangelnde Calciumresorption zurück.

Falsche Ernährung kann zu Osteoporose führen

Ein Grund dafür ist, daß wir heute viel zu viel Phosphor aufnehmen, das besonders konzentriert in Wurst, Käse, Fleisch und Fisch, aber auch in Soja- und Weißbohnen, Paranüssen und schwarzem Tee vorkommt.

Große Mengen von Phosphor verschlechtern die Aufnahme von Calcium. Wird nun zum Ausgleich eines Calciummangels vermehrt Calcium eingenommen, sinkt der Magnesiumspiegel, denn der Magnesiumbedarf und die Calciumzufuhr sind miteinander gekoppelt. Je mehr Calcium zugeführt wird, desto höher ist auch der Magnesiumbedarf. Das Problem mit der Kuhmilch als Calciumquelle ist, daß sie ein ungünstiges Calcium-Magnesium-Verhältnis aufweist. Eine Portion von 200 g enthält 240 mg Calcium und nur 24 mg Magnesium. Das Verhältnis sollte jedoch 3 : 1 und nicht 10 : 1 sein. Sesam erweist sich daher im Gegensatz zur Kuhmilch als ein exzellenter Calciumlieferant, denn hier ist das Verhältnis 2,5:1 (10 g Sesam enthalten 78 mg Calcium und 34,7 mg Magnesium).

Weniger Kuhmilch

Wenn wir künftig etwas weniger Kuhmilch trinken oder -produkte verzehren und dafür mehr Mandel-, Sesam- oder Reismilch trinken oder solche Produkte essen (bei Reis ist das Verhältnis 4 : 1), verringern wir die Gefahr, an Verschlackungen bzw. Ablagerungen und Osteoporose leiden zu müssen. Vor allem könnten wir wieder zu einer natürlichen Milchproduktion zurückkehren und die Kühe auf den Weiden grasen lassen, anstatt sie unbarmherzig eingepfercht auszubeuten. Auch brauchten wir uns nicht mehr so sehr vor Krankheitskeimen zu fürchten. Denn wenn weniger Milch verbraucht wird, könnte wieder mit der Hand gemolken werden und die armen Kühe müßten nicht ständig an Entzündungen der Euter leiden. Durch das maschinelle Melken kommt es ja bekanntlich oft zu dieser als Mastitis bezeichneten Abwehrreaktion des Organismus.

Ich fände es schön, wenn wieder mehr Kleinbauern ihre Höfe bewirtschaften könnten. Die Landwirtschaft muß doch sowieso subventioniert werden. Wieso könnte nicht das Geld für einen Landarbeiter pro Hof ausgegeben werden? Ist der Gedanke an die natürliche Erzeugung unserer Lebensmittel so schrecklich? Warum denn nicht auch mal einen Schritt zurückgehen, wenn sich einer nach vorn als zu gewagt erwiesen hat?

Vielleicht überzeugt Sie aber auch die Tatsache, daß Kälber innerhalb von sechs Monaten sterben, wenn sie mit pasteurisierter oder H-Milch gefüttert werden. Ohne Enzyme, die durch Erhitzen teilweise bei der H-Milch gänzlich zerstört werden, handelt es sich bei der Kuhmilch ohnehin nicht mehr um ein Lebensmittel, sondern um tote oder halbtote Stoffe, nämlich teilzerstörte Mineralien und teilzerstörtes Eiweiß. Diese können nicht in körpereigene Substanzen umgewandelt werden und müssen daher abgelagert werden. Da der Körper aber Calcium benötigt, nimmt er es sich aus den Knochen. Daher ist die Osteoporose in den Ländern mit dem höchstem Milchkonsum auch besonders verbreitet.

Führen wir uns einmal vor Augen, wie radikal sich unsere Ernährung in den letzten hundert Jahren verändert hat. Wir nebeln die Felder mit giftigen Substanzen ein und entfernen die nährstoffreiche äußere Hülle des Getreides, das ohnehin auf ausgelaugten Akkerböden wächst. Sie werden nun denken: Die alte Leier, was können wir schon dagegen tun? Doch wer sich mit Fast-Food ernährt, braucht sich nicht zu wundern, wenn am Ende das grausame Erwachen kommt. Wir züchten Krankheiten durch unsere Bequemlichkeit in allen Bereichen.

Lebensmittel direkt vom Erzeuger

Wenn wir die Qualitätskontrolle, die wir beim Aussuchen unserer High-Tech-Geräte und unserer Designer-Couch an den Tag legen, auch mal beim Kauf unserer Nahrung walten ließen, wären wir schon ein gutes Stück weiter auf dem Weg zu einem gesünderen Leben. Saisonales Obst und Gemüse direkt vom Erzeuger ist der Idealfall. Saisongerecht angebautes Gemüse enthält weniger Rückstände von Pflanzenschutzmitteln, auch der im Sommer angebaute Kopfsalat ist weniger pestizidbelastet. Ein Saisonkalender für Obst und Gemüse hilft Ihnen, auch im Winter frischkostmäßig gut über die Runden zu kommen. Diesen erhalten Sie bei Ihrer Verbraucherberatungsstelle oder beim Auswertungs- und Informationsdienst für Ernährung, Landwirtschaft und Forsten (siehe „Adressen und Bezugsquellen“).

Menschen mit schwachem Immunsystem sollten ihre Nahrungsmenge reduzieren, weil dadurch weniger Verdauungsarbeit anfällt, weniger Giftstoffe in den Körper gelangen und unsere Abwehrzellen weniger Arbeit haben. Zudem sollte auf eine nicht säuernde Nahrungskombination (Hay'sche Trennkost) geachtet werden. Der Hauptgrund für eine Trennung eiweiß- und stärkehaltiger Lebensmittel ist die Tatsache, daß Proteine säurehaltige Verdauungssäfte zur Verdauung benötigen und Stärken basische (alkalische). Wenn man diese beiden Nahrungsgruppen also zusammen verzehrt, so vermischen sich die Verdauungssäfte und man braucht kein Chemiker zu sein, um darauf zu kommen, was dann passiert: Säuren und Basen neutralisieren sich gegenseitig und somit liegt der Speisebrei stundenlang im Magen und gärt vor sich hin.

Pflanzliche Eiweiße wie Spirulina, Seetang, Hülsenfrüchte oder Tofu können mit Getreide kombiniert werden, aber Fleisch, Fisch oder Eier sollten nicht zusammen mit Kartoffeln oder Brot verzehrt werden; und kein Obst mit Getreide, Zucker, Honig oder Ahornsirup. Wer sich seine Abwehrkraft erhalten möchte, sollte sich seine Lebensmittel direkt von der Quelle besorgen, von Bäumen, Sträuchern, dem Boden, den Seen und Wäldern. Oder glauben Sie wirklich, daß Nahrungsmittel aus der Fabrik, die in endlosen Prozessen verarbeitet, chemisch konserviert, gefärbt, aromatisiert, stabilisiert, emulgiert und radioaktiv bestrahlt werden, Ihre Gesundheit fördern?

Wer sein Immunsystem regenerieren möchte, muß auf die weiße Zivilisationskost, die aus Weißmehl, Zucker und Milch besteht, weitgehend verzichten und sich überwiegend mit frischem Obst und Gemüse, Keimkost, Hülsenfrüchten, Getreide, Nüssen frisch aus der Schale, Algen und Meeresgemüsen wie Arame, Wakame, Dulce, Nori oder Kelp (Naturkostläden) ernähren. Diejenigen, die darüber hinaus ihrem inneren Medicus vertrauen und ihren Körper nicht bei jedem Unwohlsein mit chemischen Substanzen aus der Apotheke belasten, werden feststellen, daß sie ganz von allein heilen.

Umwelteinflüsse – können wir uns dagegen wehren?

Die überall lauernden schädigenden Schwermetalle, Gase, Dämpfe und Strahlen können einem schon eine gehörige Portion Angst einjagen. Wie können aber die Giftstoffe in der Nahrung und in der Umwelt eine Schwächung unseres körpereigenen Abwehrsystems bewirken, die dazu führt, daß die weißen Blutkörperchen ihre Aufgabe nicht mehr erfüllen können?

Häufig wird unser Immunsystem von Fremdkörpern, die in den Körper eindringen, überfordert. Es hat dann keine Möglichkeit, sich auch noch um die von ihm üblicherweise in Schach gehaltenen „Dauermieter"–Mikroben zu kümmern. Infektionen werden nicht primär durch die Mikroorganismen, die zu Tausenden unseren Körper bevölkern, ohne daß wir ständig erkranken, ausgelöst; vielmehr ist eine Überdosis an Chemikalien dafür verantwortlich. Sind wir einer solchen nämlich ausgeliefert, müssen sich unsere weißen Blutkörperchen erst einmal auf diese Fremdsubstanzen konzentrieren. Ein Angriff der „Dauermieter" kann dann nicht auch noch abgewehrt werden. Dieser Vorgang wurde mir im letzten Jahr durch die Leichtsinnigkeit meines Ehepartners bestätigt, der sich längere Zeit in einer unbelüfteten Autowerkstatt aufgehalten hatte und durch den laufenden Motor eines Oldtimers einer Menge Abgase ausgesetzt war. Eine Woche später sorgte das im Körper reaktivierte Windpocken-Virus für eine ausgewachsene Gürtelrose.

Aber auch die Milch und das Fleisch sind belastet: Wir finden zahlreiche Schwermetalle im Gras; die Milchkühe und das Schlachtvieh werden mit Antibiotika – in vielen Ländern auch mit Wachstumshormonen – „behandelt". Außerdem werden durch die Verseuchung unseres Trinkwassers mit Pestiziden und Schwermetallen grundlegende Faktoren für umweltbedingte Erkrankungen geschaffen. Sie mögen nun denken, „... das sind doch alles Allgemeinplätze, die wir zur Genüge kennen...". Solange es aber in Anbetracht des derzeit boomenden Fleisch- und Milchproduktkonsums nicht den Anschein hat, es habe irgendeine Wirkung hinterlassen, werde ich immer wieder darauf hinweisen.

Zudem gibt es immer mehr fluoridierte Speisesalze und Mineralwässer, obgleich eine Reihe von Studien beweisen, daß Fluor sich als Gift erwiesen hat und es insbesondere das Immunsystem schädigt. Wenn ich in Los Angeles Wasser laufen lasse, kommt gewöhnlich ein übler Gestank aus der Leitung, und am Boden des Dampfdestilliergerätes klebt eine grüngelblich stinkende Masse. Diese für das Element Fluorid üblichen charakteristischen Merkmale erregen nicht nur Ekel, sondern auch erhebliche Zweifel bezüglich des Sinns, Fluorid insTrinkwasser zu geben. Im Buch „Spirulina, das blaugrüne Wunder" habe ich die an verschiedenen amerikanischen, japanischen und englischen Universitäten sowie die an anderen europäischen Forschungszentren durchgeführten Untersuchungen aufgezeigt. Die Studien, die im allgemeinen mit Fluoridmengen durchgeführt wurden, wie sie im Trinkwasser vieler US-Städte vorkommen, ergaben eine erhöhte Tumorwachstumsrate bei Mäusen, eine Verringerung der weißen Blutkörperchen und eine herabgesetzte Bewegungsgeschwindigkeit dieser Abwehrzellen, was bedeutet, daß sie langsamer zu Krankheitsherden wandern und somit den Heilungsprozess verzögern.

Ebenso wird laut dieser Studien insgesamt die Aktivität des Immunsystems herabgesetzt. Es wurde weiterhin festgestellt, daß die im Trinkwasser befindlichen Mengen an Fluorid normale Zellen in Krebszellen umwandeln. Wenn nun immungeschwächte Personen dieses Wasser regelmäßig trinken, können die Abwehrzellen, in diesem Fall die peripheren B-Lymphozyten, die für die Krebsbeseitigung zuständig sind, nicht alle Krebszellen vernichten. Auch kann die Produktion des zellteilungshemmenden Abwehrstoffs Interferon eingeschränkt sein.

Zum Glück ist unser Wasser noch fluoridfrei, oder? Sie wollen doch nicht die Nährstoffmangelkrankheit Karies mit einer giftigen Droge bekämpfen, nur weil einige Zahnärzte behaupten, es härte den Zahnschmelz! Wer genügend rohes Obst und Gemüse verzehrt, bekommt auch kein Karies. Oder haben Sie schon einmal Tiere in der freien Wildbahn mit Karies entdeckt? Ich kann Ihnen den Zusammenhang zwischen Mangelernährung und Karies aus eigenen Erfahrungen verdeutlichen: Früher war ich Dauerpatient beim Zahnarzt; immer tat es irgendwo weh, hier ein Loch, da eine Wurzelbehandlung, und im Alter von 25 Jahren waren alle meine Backenzähne überkront. Seitdem ich auf die süße, säurebildende Kleisterkost verzichte und meine Nahrung aus 70 bis 80 % Gemüse und Obst besteht, besuche ich den Zahnarzt nur mal so alle vier bis fünf Jahre. Und dann muß nicht einmal Zahnstein entfernt werden. Ein Zahnarzt sagte mal zu mir, er könne gar nicht verstehen, wieso ich die Kronen hätte.

Da laut WHO (Weltgesundheitsorganisation) alle Länder, in denen das Fluoridieren des Trinkwassers verboten ist, in den internationalen Gesundheitsstatistiken vor den USA rangieren, scheint es sinnvoll, auf diese Art der Therapie zu verzichten.

Auch hier soll noch einmal darauf hingewiesen werden, daß Kinder durch Schwermetalle und Pestizide besonders gefährdet sind. Sie reagieren gegenüber Pestiziden besonders sensitiv, da ihre rasch wachsenden Zellen anfälliger gegen Krebserreger sind, als die Zellen von Erwachsenen. Außerdem inhalieren Kinder im Verhältnis zu ihrem Körpergewicht eine weit höhere Dosis an Toxinen als Erwachsene. Zudem atmen sie mehr durch den Mund anstatt durch die Nase, wodurch die nasalen Flimmerhaare ihrer Filterfunktion nicht nachkommen können. Ihre geringe Körpergröße ist ebenso mitentscheidend für eine erhöhte Aufnahme von Giftstoffen, denn Kinder befinden sich näher an den Auspuffrohren der Fahrzeuge und kommen durch Spielen und Toben auch eher mit den Pestiziden des Rasens oder der Felder in Kontakt.

Chemische Substanzen, die in den Körper gelangen, werden normalerweise von unserem Immunsystem neutralisiert. Wird unser Abwehrsystem jedoch mit mehreren verschiedenen Giften konfrontiert, wie toxisches Baumaterial, Verpackungsmaterial, Reinigungschemikalien, Zahnamalgam und verunreinigtes Leitungswasser, ist es nicht mehr in der Lage, seine Aufgabe wirksam zu erfüllen. Zusätzlich erschwert wird die Situation, wenn das durch die Umwelt bereits geschwächte Immunsystem auch noch mit der sogenannten Zivilisationskost belastet wird, die aus konservierten Fertigprodukten von stark vermindertem Nährwert besteht.

Eine sitzende berufliche Tätigkeit verbunden mit dem Mangel an Bewegung in der Freizeit trägt weiterhin zur Schwächung des Immunsystems und der Entwicklung degenerativer Erkrankungen bei. Der heutzutage chronische Bewegungsmangel führt dazu, daß die Körpersäfte die entlegeneren Teile des Körpers nicht erreichen können. Dies wirkt sich besonders nachteilig auf den Stoffwechsel und das Herz-Kreislaufsystem aus (siehe Kapitel „Regelmäßige Bewegung gegen Zivilisationskrankheiten").

Eine zusätzliche Belastung für das Immunsystem sind die uns überall umgebenden Strahlen, die, abhängig von ihrer Stärke und Dauer, die zellulare Funktion einschränkt oder zum Zelltod führen kann. Gegen so gewöhnliche Streßverursacher wie UV- und Röntgenstrahlen, Elektrosmog von Computer, TV, Mikrowellenherd und anderen Geräten können wir uns kaum wehren. Wir sind ständig elektromagnetischen Feldern ausgesetzt, wodurch unser Körperwasser elektrisch aufgeladen, verdickt und versauert wird. Aber wir können uns vor anderen Quellen der Aufladung, wie beispielsweise vor Rauschmitteln und Zigaretten, Kosmetika, Farbstoffen, Konservierungsmitteln sowie vor Pille und Spirale durch eine vernünftige Lebensweise schützen. Am dringlichsten muß vor dem Besuch von Kernkraftwerken gewarnt werden, da man nach einem Rundgang in einem Atommeiler aufgeladen wird. Diese Ladung wird zu Hause auf Familienangehörige übertragen und kann schwere Erkrankungen auslösen.

Eine weitere Belastung für unseren inneren Heiler sind auch die nun schon zum deutschen Alltag gehörenden Interkontinentalflüge. Das Strahlenvolumen, dem wir während eines solchen Fluges ausgesetzt sind, entspricht etwa drei Röntgenaufnahmen der Lunge. Dies kann zu Kopfschmerzen, Übelkeit, Erbrechen, Appetitmangel und Durchfall führen. Langzeitige Strahlenbelastung kann zu Sterilität, Mißbildungen, Leukämie oder zu anderen Formen von Krebs, krankhaftem Haarausfall und grauem Star führen. Strahlendosen, die zu niedrig sind, um Zellen zu zerstören, können aber zellulare Veränderungen hervorrufen, die erst Jahre später durch ein unterdrücktes Immunsystem oder Schilddrüsenprobleme entdeckt werden. Durch den regelmäßigen Verzehr von lebendiger Nahrung, wie Grassäfte, frisches Obst und Gemüse in rohem Zustand und vor allem die gegen radioaktive Strahlen wirkende Spirulinaalge, kann der Körper geschützt werden.

So zeigt sich Immunschwäche

Es gibt Zeiten, in denen unser Körper empfänglicher für Krankheiten ist, beispielsweise bei hormonellen Wechseln (während der Pubertät, Schwangerschaft und Menopause) aber auch jeden Monat vor und während der Menstruation. Es ist bekannt, daß die während der menstruellen Periode ausgeschütteten Hormone das Immunsystem unterdrücken. In der Mitte des Zyklus sind die Immunzellen besonders aktiv, weshalb streßvolle Unternehmungen am besten in dieser Zeit erfolgen; dazu zählen Prüfungen, aber auch Haarefärben oder Dauerwellen, vor allem jedoch Operationen. Im Albany Medical Center in New York fand man heraus, daß Frauen, die Brustkrebs-Operationen in der Woche vor oder während ihrer Menses durchführen ließen, eine kürzere Lebenserwartung und öfter unter erneutem Krebsgeschehen zu leiden hatten als solche Frauen, die sich zwischen dem 7. und 20. Tag ihrer Menstruation operieren ließen. Während dieser Zeit sind Frauen besonders empfänglich für Erkältungen und Darmprobleme.

Bei mir waren es immer die Herpesbläschen an der Lippe, die sich kurz vor oder während der Menses zeigten. Heute halte ich das Herpes-simplex-Virus mit 2000 mg Lysin (Aminosäure) in Schach. Das heißt, gleich wenn sich das bekannte brennende Gefühl bemerkbar macht, schlucke ich die im Körper fehlenden Proteinbausteine in Form von Tabletten, und in der Regel bin ich eine Stunde später von den Symptomen befreit. Wer davon betroffen ist, sollte keine Hasel- oder Erdnüsse essen. Diese enthalten besonders viel Arginin, der Gegenspieler-Proteinbaustein von Lysin. Fisch enthält besonders viel Lysin, gefolgt von Geflügel und Fleisch, Mungbohnen/-keime, Buchweizen, Frischkäse, Bohnen und weichgekochten Eiern.

Auch während Zeiten von Trauer, in Schocksituationen oder bei extremer Angst ist unser Körper in Gefahr, zu erkranken. Abgesehen von diesen streßbedingten Ausnahmeperioden, die leicht zu einer Schwächung des Immunsystems führen können, gibt es eine Reihe von Anzeichen, die auf ein schwaches, geschädigtes oder gereiztes Immunsystem hindeuten. Es ist gar nicht schwer, eine Immunsuppression im Körper zu erkennen.

Die folgenden Zeichen deuten auf ein geschwächtes körperliches Abwehrsystem hin

Akne im Erwachsenenalter, Allergien, blasse oder vorzeitig gealterte Gesichtshaut, Fußpilz, ständig belegte Zunge, Bluthochdruck in mittleren Jahren, Diabetes im Erwachsenenalter, häufige Erkältungen und mehr als eine Grippe pro Jahr, Mangel an Lebensfreude, Groll, Neid, Streß, Nervosität und Ängstlichkeit , Schwindelanfälle, Herpesinfektionen, mehr als eine Mandelentzündung im Jahr, Warzen, Zahninfektionen und vorzeitige „Immuno-Pause" deuten auf ein geschwächtes körpereigenes Schutzschild hin. Dieser von Dr. Geesing geprägte Begriff beschreibt einen Zustand, der normalerweise zwischen dem 50. und 60. Lebensjahr eintritt. Während des hormonellen Wechsels der sogenannten Wechseljahre läßt das Immunsystem nach, nimmt danach jedoch seine Aufgabe wieder auf.

Wenn wir eines der oben aufgeführten Zeichen von Immunsuppression an uns entdecken, ist es dringend notwendig, sofort Maßnahmen zu ergreifen, die unsere körpereigenen Abwehrkräfte stärken (siehe Kapitel „Maßnahmen zur Stärkung des Immunsystems").

Immunschwächeerkrankungen

Ein schwächer werdendes Immunsystem reagiert mit einer erhöhten Anfälligkeit für jede Art von Krankheit. Weiter oben wurden die Ursachen von Immunschwäche dargelegt: Medikamentenmißbrauch, unnatürliche Ernährung, Drogenkonsum, Umweltgifte, Bewegungsmangel und eine negative Einstellung zum Leben. Die folgenden Beispiele für gesundheitliche Probleme, die auf eine abgeschwächte Immunreaktion zurückzuführen sind, sollen diese Theorie überprüfen.

Während meiner freiwilligen Arbeit in der AIDS-Hilfegruppe in West Hollywood konnte ich erfahren, daß HIV-positive Personen und jene mit voll ausgebrochenem AIDS durchweg an Symptomen einer Candidainfektion litten. Das ist kaum verwunderlich, denn das AIDS-Medikament AZT ist hochtoxisch und soll verhindern, daß HIV-positive Personen AIDS bekommen. Ich bin dagegen aufgrund der fatalen Erfahrungen vieler dieser Menschen davon überzeugt, daß gerade die Langzeittherapie mit AZT zum Ausbruch des Immundefektsyndroms führt. Weitere regelmäßig konsumierte Drogen sind Aphrodisiaka, die üblicherweise von den mehr als 60 % Homosexuellen unter den HIV-Trägern täglich geschnüffelt werden.

Aber nicht nur jeder, der illegale Drogen nimmt, muß grundsätzlich mit einem Pilzbefall rechnen, sondern auch Personen, die legale Drogen, wie Antibiotika, Cortisone, Sulfonamide, Schmerztabletten und die Antibabypille einnehmen. Denn diese chemischen Substanzen zerstören unsere nützlichen Darmbakterien, die normalerweise mit den parasitischen Mikroorganismen ein Gleichgewicht halten. Während oder nach der Einnahme von darmflorazerstörenden Medikamenten ist es daher unerläßlich, den Darm mit Milchsäurebakterien (Lactobacillus acidophilus oder bifidus) neu zu besiedeln. Probiotische Joghurts, besonders Schafs- und Sojajoghurt, dem die Bakterienkulturen beigemischt wurden, sind zu empfehlen. Spirulina erhöht ebenfalls nachweislich die Lactobacillus-Population und sollte daher in die tägliche Kost integriert werden.

Darüber, daß die längerfristige Einnahme von Antibiotika oder Cortisone, die Vergiftung mit Naphthalin (in Mottenkugeln), Röntgenstrahlen, Infrarotstrahlen sowie Elektrosmog von Niederfrequenzgeräten, wie PCs und Handys, den grauen Star verursachen können, war zur Zeit, als ich mich auf dem Weg zur Erblindung befunden hatte, nichts bekannt. Grauer Star entsteht durch Veränderungen in den feinen Proteinfasern innerhalb der Augenlinse, ähnlich der Veränderungen, die bei der Erhitzung von Eiweiß entstehen.

Mein Immunsystem mußte mit vielen der oben genannten Verursachern zurechtkommen, und wer hätte damals gedacht, daß die Infrarotlampe schädlich sein könnte? Wer wußte schon, daß die „wertvolle Kuhmilch" zu Arterienverkalkung, Rheuma, Arthritis, Osteoporose, Nierensteinen und ebenfalls zu grauem Star führen kann? Denn durch das Erhitzen (Pasteurisieren) wird das Calcium aus seiner organischen Bindung gerissen, verändert sich also chemisch, verbindet sich mit Fetten und Cholesterin und lagert sich als nicht verwertbarer Kalk besonders in den Arterien ab, was zur sogenannten Milchgicht führen kann. Zu alledem kommt der doppelte nachteilige Effekt. Denn die Milchkühe erhalten nicht nur kein artgerechtes Futter, sondern werden auch noch mit Hormonen und Antibiotika hochgepäppelt, welche wiederum die invasiven Sproßpilze zur Vermehrung anregen. Für die meisten Menschen auf dem Globus gilt die Milch als unbekömmlich, nur Mitteleuropäer und Amerikaner finden es sinnvoll, sich von artfremder Säuglingskost zu ernähren.

Candida-Infektionen – die maskierte Seuche

Aufgrund meiner eigenen Erfahrungen bin ich davon überzeugt, daß Candida-Infektionen durch eine vorübergehende oder länger anhaltende Immunschwäche verursacht werden. Diese Ansicht vertreten heute auch Markus und Finck, die in ihrem ersten Buch zum Thema Candida („Ich fühle mich krank und weiß nicht warum") die „Henne und Ei" – Frage „wer war zuerst da, die Immunschwäche oder die Candida-Infektion“ noch unentschieden gelassen hatten. Die Autoren schätzen, daß 9000 Menschen jährlich in Deutschland an Pilzinfektionen sterben, etwa jede Stunde einer; jeder vierte Deutsche sei an Hautpilz erkrankt, jede vierte Frau leide an Pilzinfektionen im Unterleibsbereich.

Dr. med. Harold H. Markus, der Leiter des Vera-Sana-Zentrums in Wiesbaden, das sich auf die Behandlung von Hefepilzkrankheiten, Allergien und Immunstörungen spezialisiert hat und Hans Finck, Wissenschaftsjournalist mit dem Spezialgebiet Alternativmedizin gehen davon aus, daß diese Personen oberflächlich zwar an anderen schweren Grunderkrankungen leiden, wie Krebs, AIDS oder Lungenentzündung, oder sich einer schweren Operation unterzogen haben, die eigentliche Todesursache sei aber eine Verpilzung aufgrund des durch andere Faktoren geschwächten Immunsystems.

Der Hauptverursacher von Hefepilzüberwucherungen ist, neben Ernährungsfehlern und mangelndem Streßmanagement, die verantwortungslose Verschreibungspraxis vieler Ärzte. Wenn nämlich Antibabypillen, Antibiotika, Cortisone sowie Chemo- und Strahlentherapien verordnet werden, ohne gleichzeitig mit Antipilzmitteln den „entfesselten“ Pilz in Schach zu halten und ohne nützliche Bakterien zum Wiederaufbau der Darmflora zu verabreichen, ist die Candidaüberwucherung unausweichlich. Auf der anderen Seite sind auch Angehörige bestimmter Berufsgruppen besonders gefährdet. Bei Personen, die häufig mit Schimmelpilzen, Hefen und Zucker in Berührung kommen, etwa bei der Lebensmittelherstellung, können zum Teil schwere Immunstörungen nachgewiesen werden. In der Hauptsache sind es Schimmelpilze, Hefe und Zucker, die Pilzinfektionen begünstigen. Bäcker sollten mehr Brote ohne Hefe herstellen, damit die leckeren Vollkornbrote der Gesundheit zuträglicher sind.

Selbst wenn wir keine der vorgenannten Medikamente einnehmen und nicht beruflich mit hefepilzbegünstigenden Bedingungen zu tun haben, können wir uns nicht immer vor schädlichen Einflüssen, die zu Candidaüberwucherungen führen können, schützen. Umweltgifte in Baumaterialien und Möbeln, in Wasser und Lebensmitteln, Pestizide, Schwermetalle und Zahnamalgam (Quecksilber) machen uns ebenfalls zu schaffen, dazu Blei, Kadmium und was Autos sonst noch abblasen. Zudem sammeln sich Zigarettenrauch, Elektrosmog und radioaktive Strahlen in unserem Organismus an.

Wenn unsere Abwehrzellen sich ständig mit der Beseitigung von Fremdkörpern befassen müssen, kann es vorkommen, daß die normalerweise unschädlichen, im Dickdarm lebenden Hefepilze auch mal in andere Gefilde eindringen können, vor allem wenn sie mit stärke- und zuckerhaltiger Kost angelockt werden. Viele Frauen leiden erstmals während der Schwangerschaft unter ihrem Angriff, da der Körper in dieser Zeit auf der Schleimhaut mehr Zucker zur Verfügung stellt, ähnlich bei Frauen, die die Pille nehmen. Dadurch können sich die Pilze besser vermehren. Während Bakterien normalerweise nicht die menschlichen Zellen penetrieren, dringt der Candida-Hefepilz ohne Pardon in die menschliche Schleimhaut ein, etwa in den Mund, den Darm oder die Vagina. Der „entfesselte Hefepilz" durchbricht somit ganz mühelos die erste Barriere unserer Immunabwehr.

Persönlich habe ich festgestellt, daß sich Vertreter dieser Hefepilzgattung immer dann in meinem Körper ausbreiten, wenn ich während der Menstruation zusätzlich streßvollen Situationen ausgesetzt bin. So fuhr ich im Hebst 1997 zu einem Seminar nach Bad Honnef, wo ich einen Vortrag über Spirulina zu halten hatte. Zuerst fand ich die Villa Schaffhausen, in der das Seminar stattfand, nicht gleich und kam zu spät. Dann machte sich auch noch das aktivierte Herpesvirus, das sonst in den Nervenzellen der Gesichtspartie nistet, an der Innenseite meiner Oberlippe bemerkbar und letztlich saß mir das Unbehagen bezüglich eines ersten öffentlichen Auftritts im Nacken, zumal dieser auch noch vor Heilpraktikern und anderen naturheilkundlich Professionellen stattfand.

Während der Fahrt traten bei mir die candidatypischen neurologischen Störungen auf, wie Ohrensausen, leichter Schwindel und Verschwommensehen. Außerdem fiel mir das Atmen schwer. Beim

Vortrag verlor ich einmal plötzlich den Faden, und obgleich ich mich normalerweise zwölf Stunden und länger voll bei der Schreibarbeit konzentrieren kann, war ich heilfroh, als der Vortrag und die anschließende Fragezeit beendet war. Möglicherweise hatte auch mein streßbedingtes Fasten zum Überhandnehmen des Pilzes beigetragen. Denn vor einem Fasten ohne gleichzeitiger Einnahme von Pilzmitteln warnen einige Experten, da der Candida-Pilz, sobald die Nahrung für ihn knapp wird, sogenannte Hyphen bildet, das sind Verästelungen, die tief ins Gewebe vordringen können.

Es geht daher nicht, den parasitären Hefepilz nur durch Fasten oder kohlenhydratfreie Kost auszuhungern, da man ihn möglicherweise dann erst dazu treibt, in tieferen Gewebeschichten und in der Blutbahn, wo der Blutzucker zur Energieversorgung des Körpers transportiert wird, nach neuen Zuckerquellen zu suchen. Um das menschliche Immunsystem zu überlisten, haben sich die invasiven Sproßpilze einen besonders raffinierten Schachzug einfallen lassen, nämlich die Bildung von Giftstoffen (Canditoxine), um die Bildung von Immunzellen zu hemmen. Der Eckernförder Labormediziner Dr. Reinhard Hauss fand heraus, daß sie Enzyme produzieren, die gegen Candida gerichtete Antikörper auflösen, bevor sie sich anheften können. Dabei sind sie in der Lage, ihre äußere Erscheinungsform zu ändern. Sie können Strukturen auf ihrer Zelloberfläche bilden, die der Oberfläche menschlicher Gewebezellen ähneln, damit das Immunsystem sie nicht mehr als Fremdkörper erkennt. Und selbst wenn die Freßzellen zuschlagen, scheinen einige Candida-Pilze diesen Vorgang, der als Phagozytose bezeichnet wird, zu überleben, weil sie durch ihre widerstandsfähige faserige Oberflächenschicht dagegen geschützt sind.

Trotz dieser bedenklichen Untersuchungsergebnisse gibt es immer noch viele Ärzte, die Candida-Mykosen nicht allzu erst nehmen. Wie ernst der Körper allerdings diese Infektionen nimmt, zeigt sich daran, daß der invasive Hefepilz die Killerzellen und Monozyten anregt, Tumornekrosefaktoren (TNF) zu bilden. Normalerweise wird diese gegen Krebs gerichtete Substanz vom Körper nur dann hergestellt, wenn Tumore vorhanden sind.

Dr. Dietrich Klinghardt, der sich in seiner Arbeit besonders auf Quecksilbervergiftungen durch Amalgamfüllungen konzentriert hat, liefert eine neue Theorie von der Genese der Pilzerkrankungen. Er bezeichnet Candida als ein typisches Schwermetallsyndrom: Mit der Pilzerkrankung hat der Organismus einen Weg gefunden, Schwermetalle in der Zellwand der Pilze zu binden, ohne daß sie ins Gehirn gehen. Klinghardt geht davon aus, daß, sofern der Pilz umgebracht wird, Schwermetalle freigesetzt werden, die dann ins Gehirn oder ins Rückenmark müssen. Aus seiner Sicht sind daher die ganzen Candida-Behandlungen Schwachsinn, sofern nicht zuerst die Schwermetalle ausgeleitet werden. Erst danach, wenn überhaupt noch notwendig, hält er eine Anti-Pilztherapie für sinnvoll. (Siehe Kapitel „Ausleitung von Amalgam und anderen Schwermetallen“)

Wie bändigen wir den gefährlichen Hefepilz?

Wenn wir Candida-Symptome, wie Jucken im After, im Ohr, in der Nase oder an anderen Körperregionen, Verschleimungen, schlechten Atem, schlechtes Gedächtnis, Blähungen mit übelriechenden Winden, laute Darmgeräusche, Verstopfung oder Durchfall, Soor im Mund, Menstruationsbeschwerden, Ausfluß, vermehrten Harndrang, Brennen und Juckreiz in den Genitalien, Nervosität, Übellaunigkeit, Impotenz, Allergien oder suchtartigen Heißhunger auf Süßigkeiten, bei uns entdecken, sollten wir uns immer gleich fragen, was zu der potentiellen Hefepilz-Infektion beigetragen haben könnte. Sind wir verstärkt mit Umweltgiften in Kontakt gekommen oder haben wir bestimmte Medikamente eingenommen, so daß sich wegen der dadurch verursachten vorübergehenden Immunschwäche Hefepilze vermehren konnten? Viele Medikamente enthalten Schwermetalle, die sich im Laufe der Zeit im Körper ansammeln können, so enthalten beispielsweise Antazida Aluminium und einige Bluthochdruckmittel sowie Impfstoffe (z. B. Tetanus) Quecksilber. Wer dazu noch auf mehreren Zähnen mit Amalgamfüllungen herumkaut, kann sich schon ein ganzes Quecksilberreservoir angelegt haben. Vielleicht haben wir auch weniger atmungsaktive Kleidung getragen, die ein pilzfreudiges, feuchtwarmes Milieu geschaffen hat. Oder haben wir übermäßig Weißmehlprodukte, Blauschimmelkäse, Zucker, Bier, Wein oder Kaffee konsumiert?

Erkrankungen, wie rheumatoide Arthritis, Diabetes mellitus, Psoriasis oder chronische Müdigkeit können mit Antipilzmedikamenten erfolgreich behandelt werden. Den Verdacht, daß viele Erkrankungen nur von einem einzigen Organismus namens Candida albicans verursacht werden, hegte Dr. Orion Truss, der sich in seiner Praxis auf den Zusammenhang von Allergie und Infektion konzentriert, bereits 1983. Auch der amerikanische Forscher und Leiter der WHO-Arbeitsgruppe „Mykotoxine in Nahrungsmitteln", Antonio Costatini, der in den letzten Jahren die Ursache von Arteriosklerose und hohen Cholesterinwerten erforscht hatte, legte bei einem Vortrag im Februar 1993 in Dallas Texas dar, daß Pilzgifte zu erhöhtem Cholesterinspiegel, dem Hauptverursacher von Arteriosklerose führen.

Die für Arteriosklerose typischen Verhärtungen der Gefäßwände entstehen aber nicht unmittelbar durch Aberlagerung von Schlacken oder durch „Verkalkung", sondern sie stellen vernarbte Entzündungen dar, die durch die Reaktion des Immunsystems auf abgestorbene und lebende Pilze und Pilzgifte entstanden; erst später lagern sich Cholesterin und Calcium ab. Interessanterweise nimmt man mit arteriosklerosevorbeugender Kost, wie Fisch, Rohkost, vor allem grünen Gemüsesorten, Hülsenfrüchten, Knoblauch und Kräutern, relativ wenig Pilze und Pilzgifte auf. Ebenso weisen auch alle Arteriosklerose-Medikamente pilzhemmende Eigenschaften auf und alle Antipilzmittel senken den Blutfettspiegel.

Aufgrund dieser Forschungsergebnisse würde ich jedem den folgenden Rat geben: Denken Sie bei allen unspezifischen oder therapieresistenten Beschwerden und auch bei allen Immunmangelkrankheiten an eine Hefepilzüberwucherung und führen Sie sofort eine Symbioselenkung mit hilfreichen Bakterienkulturen durch. Eine Stuhluntersuchung (siehe „Adressen und Bezugsquellen") kann über den Status der Stuhlkulturen und der „freundlichen Bakterien" informieren. Im gesunden Darm finden sich zahlreiche Bakterienarten, vor allem die Lactobazillen und Bifidobakterien, die eine Ansiedlung von Pilzen und anderen Krankheitskeimen hemmen. Sie besiedeln die gesunde Schleimhaut so dicht, daß die Hefen keinen Platz finden, um sich anzuheften.

Auf diese nützlichen Bakterien, die einen Teil unseres Immunsystems darstellen, können wir nicht verzichten. Es muß immer wieder darauf hingewiesen werden, daß bei jeder Antibiotika-Behandlung, auf die wir nur im äußersten Notfall zurückgreifen sollten, unbedingt gleichzeitig die Darmflora wieder aufgebaut werden muß. Unter „Adressen und Bezugsquellen" finden Sie Hinweise auf symbioselenkende Mittel.

Bei Lactoseallergie helfen milchfreie Bakterienpräparate aus den USA (siehe „Adressen und Bezugsquellen"). Je eher die Darmflora mit darmfreundlichen Bakterien wieder aufgebaut wird, desto schneller können diese ihre Arbeit gegen den überwuchernden Candida albicans durchführen und somit erfolgreich zur Stabilisierung der Immunabwehr beitragen.

Bei der Bändigung des überhandnehmenden Fungus, der unsere Lebensenergie unterdrückt und unser körpereigenes Abwehrsystem schwächt, indem er den Zellen die ohnehin knappen Nährstoffe raubt, sollte neben einer zuckerfreien auf eine vitaminreiche Kost geachtet werden. Die vor allem in der blaugrünen Alge Spirulina mannigfach enthaltenen Carotine und B-Vitamine sind wichtig für die Reparatur der Zellen und die Stärkung des körpereigenen Abwehrsystems, zusätzlich nützen Vitamin E, Echinacea und Eleutherococcus (pflanzliche Mittel zur Immunanregung), Fischöl, Nachtkerzenöl und hefefreie Multivitaminpräparate.

Weitere Mittel zur Immunstärkung

Dazu gehören Eigenblut- und Eigenurinbehandlung (siehe unter „Der *innere Heilsaft* enthält wichtige Stoffe"), Sauerstoffmehrschritt-Therapie, Ozontherapie, Hämatogene Oxidationstherapie und Thymuspräparate. Außerdem ist die zusätzliche Einnahme von 7 – 10 Tropfen Grapefruitkern-Extrakt, dreimal täglich in stillem Wasser, angezeigt. Das schon seit Ende der 80er Jahre in den USA in klinischen Untersuchungen getestete natürliche Breitbandtherapeutikum ist laut Sharamon und Baginski wirksam bei nahezu 800 Bakterien- und Virenstämmen, bei etwa 100 Pilzstämmen sowie bei einer großen Anzahl von Protozoen. Auch Colloidales Silber, ca. 30 ppm (part per million), tötet alle Krankheitskeime innerhalb von sechs Minuten. Da opportunistische Mikroorganismen in Sauerstoff nicht existieren können, empfehlen Wagner und Goldfarb, Gregory und andere die Benutzung von 35%igem H_2O_2. Wie Wasserstoffperoxid verwendet werden kann, erfahren Sie im Kapitel „Wasserstoffperoxid (H_2O_2) gegen Krankheitskeime". Ein weiteres, das Wuchern von Pilzen verhindernde Mittel, ist der Lapacho-Tee, auch Taheebo oder Pau d'arco genannt (siehe Kapitel „Lapacho-Tee bekämpft Infektionen"). Das Pulver der Rinde wird auch in vegetabilischen Kapseln angeboten.

Andere natürliche pilzabtötende Mittel sind das australische Teebaumöl, Aloe vera und Knoblauch. Um die Entwicklung von Resistenzen gegen das eine oder andere Pilzmittel zu verhindern, ist es ratsam, in sechswöchigem Rhythmus rotierend zu wechseln.

Dr. Johann Abele konnte bei Darmverpilzungen beste Erfolge mit der autohomologen Serumkonzentrat-Therapie (orale A-U-Therapie oder Eigenharntherapie) erzielen. Er betrachtet die orale Urintherapie als die einzig wirksame bei der Darm- und Gewebecandidose und empfiehlt bei Befall von Candida albicans ein Urinfasten. Nach zweiwöchigem Urintrinken (abgemagerte Patienten müssen nicht unbedingt fasten) sei die Candidose gewöhnlich nicht mehr im Darm nachzuweisen. Es muß jedoch zusätzlich eine Darmkeimlenkung (mikrobiologische Therapie) durchgeführt und noch eine längere Zeit eine Anti-Pilz-Diät eingehalten werden.

In der ersten Woche sollte die gesamte Tagesproduktion, also alle Ausscheidungen von 7 bis 21 Uhr getrunken werden, dabei den Mittelstrahl verwenden (mindestens aber ein Joghurtbecher voll). In der zweiten Woche wird die Ausscheidung von 7 bis 18 Uhr und in der dritten Woche von 7 bis 13 Uhr getrunken. Danach kann auf eine Morgendosis von einem Joghurtbecher reduziert werden. Das 14-tägige Fasten sollte unter ärztlicher Kontrolle bzw. unter strengen Richtlinien der Fastenkuren durchgeführt werden.

Nach der Klinghardtschen Theorie, Candida sei verursacht durch eine Ansammlung von Schwermetallen im Körper, vor allem Quecksilber, müßten vor jeder Pilztherapie und -diät zunächst erst einmal Ausleitungsmittel eingesetzt werden (siehe Kapitel „Ausleitung von Amalgam und anderen Schwermetallen“).

Gleich welche Vorgehensweise Sie wählen, um die invasiven Sproßpilze auszurotten, wird es notwendig sein, Zucker und Weißmehl künftig weitgehend zu meiden, damit sich die opportunistischen Hefepilze nicht wieder auf unsere Kosten weitervermehren können.

Allergien sind auf dem Vormarsch

Heutzutage gibt es kaum noch einen Menschen, der nicht an irgendeiner Form von allergischer Reaktion leidet. Eine Allergie ist eine unangemessene, schädliche Immunreaktion auf eine Substanz, die für die meisten anderen Menschen harmlos ist. Pollen, Hausstaub, Tierhaare, Nahrungs-/Arzneimittel, Kosmetika und Chemikalien, die über Haut, Atemwege oder Verdauungstrakt vom Körper aufgenommen wurden, sind die häufigsten Auslöser für Überempfindlichkeitsreaktionen. Die charakteristischen Symptome, die diese allergieauslösenden Stoffe, Allergene genannt, bei den gegen sie empfindlichen Menschen hervorrufen, reichen von Atembeschwerden, Bauchkrämpfen, Bindehautentzündungen, Drüsenschwellungen, Durchfall und Erbrechen bis zu Hautjucken und -ausschlägen, Kopfschmerzen und Niesanfällen. Die häufigsten Allergien sind Asthma, Heuschnupfen und Hautausschläge.

Warum manche Menschen allergisch reagieren und andere nicht, ist von schulmedizinischer Seite noch weitgehend unbekannt. Genetische oder erbliche Faktoren müssen oft herhalten, wenn es an Erklärungen fehlt. So wird beispielsweise auch bei der Atropie, bei der eine Neigung zu verschiedenen allergischen Reaktionen besteht, die Abhängigkeit von genetischen oder erblichen Faktoren vermutet. Denn, so wird begründet, Verwandte von Menschen mit Atropie sind häufiger betroffen als andere Personen.

Während meiner sozialpädagogischen und psychologischen Studien hatte ich mich u. a. auf die Familientherapie spezialisiert und gruppendynamische Prozesse untersucht. Aufgrund meiner diesbezüglichen Erfahrungen tendiere ich zu der Annahme, daß gleiche Lebensumstände eher die Gründe sind, weshalb sich innerhalb der Verwandtschaft dieselben Erkrankungen wiederholen. Verwandte leben in ähnlichen Umweltbedingungen, ernähren sich in der Regel gleich und liefern sich den gleichen Genußmitteln oder Süchtigmachern aus und sind auch meist gleichen Streßfaktoren ausgesetzt. Familienmitglieder tendieren ebenfalls dazu, ähnliche Reaktions- und Abwehrmechanismen auszubilden, sich mit denselben Masken zu schützen und die gleichen Fluchtwege einzuschlagen. Vielleicht sind es dazu auch noch dieselben Barrieren von Angst, Mißtrauen, Groll und Vorurteilen, die zu ähnlichem Verhalten führen.

Im Grunde brauchen wir uns beim Auftreten einer Erkrankung immer nur selbst zu fragen, wie oder warum wir sie uns eingehandelt haben. Denn wirkliches Wissen kommt durch Erkenntnis, die auf Erfahrung basiert. Deshalb möchte ich die Allergie durch meine eigenen Erfahrungen erklären.

Mitte der 50er Jahre wurde ich eingeschult. In unserer Klasse von über vierzig Schülern gab es einen Jungen, ein Einzelkind, der an Heuschnupfen litt. Damals waren Allergien noch die Ausnahme.

Heute ist dieser ehemalige Klassenkamerad auf die medizinische Apparatetechnik angewiesen, die sein Leben quasi erleichtern bzw. überhaupt ermöglichen soll. In den heutigen Schulklassen gibt es einen deutlich höheren Prozentsatz von Allergikern.

Wenn viele dieser Kinder in mittleren Jahren schwer erkranken, müssen wir uns fragen, ob das nicht ein zu hoher Preis dafür ist, daß wir heute länger als unsere Urgroßeltern leben. Woher kommt es überhaupt, daß ein Reiz, der für andere völlig neutral sein kann, beim Allergiker eine starke Abwehr hervorruft? Wenn das Immunsystem vom Säuglingsalter an keine Gelegenheit erhält, sein Potential an in der Thymusdrüse trainierten T-Lymphozyten und anderen Abwehrzellen zum Einsatz zu bringen, sondern der Körper bis zur Halskrause mit Schutzimpfungen, Penizillinen und anderen chemischen Süppchen angefüllt wird, verdummt es. Die Natur hat es so eingerichtet, daß unser körpereigenes Abwehrsystem bei richtiger Unterstützung mit Kinderkrankheiten fertig wird und zwar ohne Antibiotika. Je mehr Infektionen ein Kind natürlich, also ohne fiebersenkende chemische Arzneien überwindet, desto umfangreicher wird seine Immunität.

Nützliches Fieber

Die hohe Temperatur ist ja das körpereigene Mittel, um eindringende Krankheitskeime zu vernichten. Durch die Verabreichung von viel Flüssigkeit (zirka drei Liter täglich) in Form von Wasser, Kräutertees, Gemüsebrühe und Säften ist Fieber in den wenigsten Fällen gefährlich, sondern verkürzt den Krankheitsverlauf, weil es die Geschwindigkeit erhöht, mit der die weißen Blutkörperchen zum Infektionsherd wandern.

Bleibt das Immunsystem dagegen unausgebildet, reagiert es später im Leben unangemessen gegen normalerweise harmlose Reize wie Pollen, Hausstaub oder Tierhaare.

Auf der anderen Seite treten heute auch vermehrt Nahrungsmittelallergien auf. Mit der Diagnose dieser Überreaktionen gegen bestimmte Nahrungsmittel tun sich die klassischen Mediziner ebenso schwer wie mit der Entdeckung einer invasiven Hefepilzerkrankung. Zumindest kommen sie häufiger vor als von schulmedizinischer Seite zugegeben beziehungsweise angenommen. Tests auf Nahrungsmittelallergien werden selten durchgeführt. Das Problem mit den Tests (meist Hauttests oder RAST=Radio-Allergo-Sorbent-Test) ist, daß sie nur solche Allergien einigermaßen sicher erfassen können, bei denen deutliche Sofortreaktionen auftreten, wie bei manchen Eier- und Fischallergien. Bei den „maskierten" Allergien mit Spätreaktionen sind sie dagegen wenig zuverlässig oder die Resultate werden vom Arzt nicht richtig bewertet, da zum Teil andere Reaktionen des Immunsystems stattfinden als bei den Frühreaktionen. Die meisten Nahrungsmittelallergien, vor allem diejenigen gegen die täglich verzehrten Grundnahrungsmittel, bleiben daher in der Regel unentdeckt. Da die Beschwerden zudem oft nichts mit dem zu tun haben, was man normalerweise unter Allergie versteht, lassen viele Ärzte sie lieber in den Schubladen „seelische Konflikte" oder „hypochondrische Einbildungen" verschwinden.

Nach längerer Zeit kann der allergische Prozeß zu Gewebestörungen, krankhaften Veränderungen der Organe, Migräne, Arthritis und Rheuma führen. Allergische Erscheinungen können an nahezu allen Körperorganen auftreten, nicht nur an Haut und Schleimhäuten. Dr. Anne Calatin empfiehlt in dem Buch *Die Rotationsdiät* als Diagnose und Heilmittel, daß ein im Verdacht stehendes Lebensmittel mindestens 4 Tage lang nicht gegessen wird. So lange dauert es gewöhnlich, bis die letzten Spuren allergener also krankmachender Stoffe ausgeschieden sind und das Immunsystem „frisch" darauf reagieren kann. Zeigt sich keine Reaktion, wird eine andere regelmäßig konsumierte Nahrung getestet. Um sicher zu gehen, kann man zusätzlich vor dem Verzehr des allergieverdächtigen Lebensmittels, das allein für sich gegessen werden muß, den Puls messen. Nach dem Essen wartet man 20 Minuten und mißt wieder den Puls. Sollte dieser um zehn Punkte gefallen oder gestiegen sein, kann es sich um eine Allergie handeln. Vor einer Rotationsdiät sollte der Körper vier Tage lang entgiftet werden. Übrigens entwickeln wir oft gerade gegen jene Lebensmittel allergische Reaktionen, an die wir uns durch regelmäßigen Konsum gewöhnt haben. Mit seiner Reaktion sagt uns der Körper, daß er es bis oben hin satt hat, immer das gleiche zu essen. Die häufigsten Nahrungsmittelallergene sind Weizen, Eier, Milch und Orangen. Die Fischsorten, die die meisten allergischen Reaktionen hervorrufen, sind Kabeljau, Forelle und Scholle.

Dr. Batmanghelidj über Dehydrierung und Allergie

Dr. Faridun Batmanghelidj empfiehlt als einfachste und preiswerteste Therapie bei Allergien und anderen Zivilisationserkrankungen ein bis zwei Glas stilles Wasser 1/2 Stunde vor jeder Mahlzeit, da wir heute fast alle unter Dehydrierung leiden. Er geht davon aus, daß Asthma und Allergien Anzeichen dafür sind, daß der Körper die Produktion der an den Nervenenden ausgeschütteten Substanz Histamin erhöht hat. Dieser Neurotransmitter dient als Regler für den Wasserstoffwechsel und die Verteilung des Wassers im Körper. Ist zu wenig Wasser im Körper, wird mehr Histamin gebraucht, um die Wasserreserven zu schützen. Da man einen höheren Histamin-Anteil im Lungengewebe von Asthmatikern festgestellt hat, geht Dr. Batmanghelidj davon aus, daß Asthmatiker zuwenig Wasser trinken und folgert, daß Asthma und Allergien durch regelmäßiges Trinken von Wasser behandelt werden können.

Der Neurotransmitter Histamin ist zusätzlich am Abwehrsystem des Körpers gegen Mikroorganismen und Fremdkörper (Proteine und Chemikalien) beteiligt. Bei normalem Wasserhaushalt laufen diese Funktionen unbemerkt ab. Trocknet der Körper dagegen aus, kommt es zu einer übersteigerten wasserregulierenden Aktivität des Histamins. Ebenso regt das Immunsystem die Histamin produzierenden Zellen an, eine übertrieben große Menge dieser Neurotransmitter auszuschütten, die eigentlich für ganz andere Aufgaben vorgesehen sind. Wissenschaftliche Untersuchungen bestätigen, daß durch die tägliche Erhöhung der Wasserzufuhr die Histaminproduktion nachläßt. Dr. Batmanghelidj stellt in seinem Buch „Wasser, die gesunde Lösung“ anhand vieler Leserbriefe eines überzeugend dar: Krankheiten sind Durstsignale des Körpers nach reinem Wasser, wogegen Kaffee, Tee, Cola und Bier mit seiner Austrocknung zu tun haben.

Alle Allergiker sollten sich daher fragen: „Trinke ich zuviel dieser chemischen Suchtbrühen oder trinke ich zuwenig Wasser?“ Probieren Sie es aus. Wenn wir nicht selber forschen, wer sonst hat ein Interesse an Wasser als Heilmittel, an dem keine müde Mark zu verdienen ist.

Neues zum erworbenen Immundefektsyndrom (AIDS)

Vor über 16 Jahren traten HIV und AIDS in den Blickpunkt der Öffentlichkeit. Damals waren den meisten Ärzten Krankheitserscheinungen, wie Kaposi-Sarkome, Pneumocystitis-carnii-Infektionen, Hirntoxoplasmosen oder nicht tuberkulöse Mykobakteriosen, nur aus den Lehrbüchern bekannt. Heute gehören die kleinen bräunlich-violetten bösartigen Tumore am Hals und im Bereich der Mundhöhle sowie die mit HIV und AIDS im Zusammenhang stehenden opportunistischen Infektionen zum Alltag vieler Schulmediziner und alternativ-medizinischer Heilberufler. Die Behandlung in der schulmedizinischen Praxis wird mit chemischen Medikamenten, wie AZT, Didanosin, Zalcitabine oder Stavudin durchgeführt. So rosig die AIDS-Therapie mitunter dargestellt wird, kann sie doch nicht von dem Problem der Arzneimittelinteraktionen ablenken. Denn mit zunehmendem Immundefekt müssen Personen mit HIV nach Ansicht der Schulmediziner immer mehr Medikamente zur Prophylaxe und Therapie opportunistischer Infektionen wie auch zur HIV-Unterdrückung einnehmen. Dadurch wird das Risiko der Vermehrung von Nebenwirkungen, aber auch der Abschwächung erwünschter Wirkungen immer größer. Die Patienten, die das Vertrauen in die traditionelle Medizin verloren haben, wenden sich deshalb immer mehr an Homöopathen und Heilpraktiker oder informieren sich selbst über alternative Behandlungsverfahren.

Besonders folgenschwer im Umgang mit AIDS, einem Symptomenkomplex von über zwanzig parasitischen, neoplastischen und nichtinfektiösen Krankheiten, wie Pneumonie, Candida-Infektion, Kaposi-Sarkom, Mycobakteriosen inklusive Tuberkulose, Demenz, Zytomegalie-Virus, Lymphom, Toxoplasmose und Herpes-Virus, ist die Verbreitung der Vorstellung, daß Menschen, die HIV-positiv getestet werden, bald an AIDS sterben müssen. Das Gefährliche daran ist, daß Personen mit ohnehin geschwächtem Immunsystem nun auch noch mit Angst und Hoffnungslosigkeit kämpfen müssen, wo allein schon die Angst vor einer unheilbaren Erkrankung zum Tod führen kann.

Diese Krankheiten sind nicht neu und kommen auch einzeln vor. Neu ist lediglich ihr gehäuftes gemeinsames Auftreten bei Immunschwäche. Die Centers for Disease Control (CDC) klassifizieren eine Person als AIDS-krank, wenn sie mehrere Krankheiten gleichzeitig aufweist. Diese nicht miteinander in Verbindung stehenden gesundheitlichen Störungen sind zusammengefaßt, weil sie alle als Indikatoren für einen erworbenen Immundefekt betrachtet werden. In den westlichen Industrienationen ist AIDS fast ausschließlich auf Männer beschränkt. Zirka 90 % aller Menschen mit AIDS sind zwischen zwanzig und vierzig Jahre alt, 30 % sind intravenöse Drogenabhängige und ihre Kinder, 60 % männliche Homosexuelle und einige Heterosexuelle, die regelmäßig orale psychoaktive Drogen nehmen und 7 % Hämophile (Bluter) beziehungsweise andere Empfänger von Transfusionen.

Dr. Peter Duesberg, Professor für Molekularbiologie an der kalifornischen Universität von Berkeley und HIV/AIDS-Kritiker, ist davon überzeugt, daß es sich bei dem Human Immunodeficiency Virus (HIV) um ein latentes, nicht pathogenes Virus handelt, das nicht der Auslöser von AIDS ist, und daß die Krankheit durch den übermäßigen Konsum legaler oder illegaler Drogen und durch andere Risikofaktoren erworben wird, aber nicht durch Ansteckung.

Auch Luc Montaigner, der französische Wissenschaftler, der das angeblich AIDS-verursachende Virus vor Jahrzehnten entdeckte, glaubt jetzt, daß das HI-Virus allein nicht fähig ist, AIDS zu verursachen, sondern daß Kofaktoren vorhanden sein müssen. Dies beweisen auch die mit Einschränkung sinn- und fruchtlosen Tierversuche mit über hundert Schimpansen, die 1985 mit dem HIV infiziert wurden. Das Virus reproduzierte sich zwar in den Tieren, aber keines ist bis jetzt an AIDS erkrankt. Und wem hat es nun genützt, daß diese armen Affen jahrelang unter wer weiß welchen Bedingungen ihr Leben fristen mußten? Wer außer den AIDS-Dissidenten hat Lehren aus diesen Ergebnissen gezogen?

II.

Maßnahmen zur Stärkung des Immunsystems

Die vier Säulen zur Stärkung des Immunsystems

Wenn wir Tiere beobachten, lernen wir, wie man Krankheitskeime und Umweltgifte am besten aus dem Körper herausschwemmt: Sie nehmen eine Zeitlang keine Nahrung zu sich, trinken viel Wasser, kauen Gras und gönnen dem Körper Ruhe. Tiere wissen instinktiv, was ihr Organismus im Krankheitsfall braucht: Ruhe, Nahrungsabstinenz und Wasser. Unser Kater Micky, den ich im zarten Alter von sechs Wochen aus dem Tierheim holte, wurde nach drei Tagen sehr krank. Möglicherweise hatte es mit dem Bad zu tun, das ich dem kleinen Kerl gleich gönnte. Später erfuhr ich, daß man junge Katzen frühestens mit sechs Monaten baden sollte. Der Tierarzt konnte nichts für Micky tun, welcher fast nur schlief, fünf Tage lang nichts fraß, aber reichlich Wasser trank und in der Folge wieder völlig gesund wurde.

Bei einem Säugling können wir auch noch ein instinktives Verhalten voraussetzen. Wir Erwachsene haben jedoch überwiegend das Auf-unseren-Körper-Hören verlernt und es geht auch nicht von heute auf morgen, daß wir unser instinktives Wissen zurückerhalten. Auch können wir uns von den sogenannten Zivilisationserkrankungen, die wir uns in den vielen Jahren des Völlens und der ungesunden Lebensweise angeschafft haben, nicht von heute auf morgen befreien. Aber, wenn wir schnellstens Entgiftungsmaßnahmen einleiten, kann unser innerer Heiler unseren Körper innerhalb von drei bis fünf Monaten wieder regenerieren.

Dies ist ein Weg, der nichts kostet, außer einer gehörigen Portion Willenskraft und Mut, da wir unsere Ernährungsweise, unseren Lebensstil und sogar unsere Denkweise ändern müssen. Was nützt es, wenn wir uns eine Krebsgeschwulst wegbrennen oder herausschneiden lassen und wir so weiter machen wie bisher? Die sensiblere Art, eine Krankheit, die sich langsam über Jahre hinweg entwickelt, loszuwerden, ist die systematische Reaktivierung des körperlichen Abwehrsystems, also die aktive Unterstützung unseres inneren Heilers. Die im Folgenden aufgeführten ganzheitlichen Behandlungsprinzipien zur Regenerierung des Immunsystems basieren auf den Arbeiten des Orientalmediziners Dr. Gregory. Für jede der vier Phasen werden vier bis sechs Wochen gerechnet, das bedeutet, daß Sie in etwa 4 bis 6 Monaten von allen Symptomen und Beschwerden befreit sein können.

1. Natürliche keimtötende Ausscheidung von Krankheitserregern

In dieser ersten Phase der Immunsystemregeneration geht es vor allem um die Ausscheidung von Krankheitskeimen mit Hilfe von ungiftigen keimtötenden Mitteln. Ich werde mehrere das Immunsystem stärkende natürliche Bakterizide, Viruzide und Fungizide aufführen. Da der Körper Unverträglichkeiten und Allergien gegen Substanzen entwickeln kann, die ihm über einen längeren Zeitraum zugeführt werden, ist es ratsam, alle angegebenen antimikrobalen Mittel zu rotieren, also nach vier bis sechs Wochen ein anderes zu wählen. Da es sich bei Spirulina und grüner Papaya um Lebensmittel handelt, können diese während der ganzen Zeit der vier Phasen konsumiert werden. Zusätzliche stärkere Mittel zur Abtötung von Mikroorganismen, wie Grapefruitkern-Extrakt und Wasserstoffperoxid, sollten maximal sechs Wochen am Stück eingenommen werden, da sich sonst resistente Pilz- oder Bakterienstämme entwickeln können.

Spirulina platensis – die Nahrungsergänzung par excellence

Die blaugrüne Alge Spirulina, ein hochwertiges Nahrungsmittel mit einem erstaunlichen Aufgebot konzentrierter Nährstoffe, zeichnet sich durch einen extrem hohen Proteingehalt von mehr als 60 % aus. Da Spirulina keinen harten Zellkern besitzt, ist das biologisch komplette Eiweiß – es enthält 19 Aminosäuren (Proteinbausteine), davon alle acht essentiellen in ihrem richtigen Verhältnis – als Pulver in einer halben, als Tablette in zirka einer Stunde verdaut und eignet sich daher für alle Personen mit Immunschwäche.

Die in der Natur auf der Wasseroberfläche subtropischer Salzseen treibenden Algen speichern das Sonnenlicht in ganz besonderer Weise. Daher enthalten sie auch besonders viele der antioxidativ und damit krebsvorbeugend wirkenden Carotinoide; ihr Beta-Carotin-Gehalt ist der höchste eines Lebensmittels überhaupt, 150 Mal höher als in Karotten. Bei dem einzigartigen Lichtträger handelt es sich noch um lebendige Nahrung, denn durch das schonende Trockenverfahren bleibt alle Lebenskraft erhalten, einschließlich Sauerstoff, Biokatalysatoren und Sonnenenergie.

Darüber hinaus enthält die wundervolle Alge wertvolle zellregenerierende und entzündungshemmende essentielle Fettsäuren, sogar die in der Muttermilch vorkommende Gamma-Linolensäure. Weiterhin bietet Spirulina Vitamin E, mannigfaltige B-Vitamine einschließlich aller sog. Streßvitamine, sogar hohe Anteile von B-12 (mehr als Fisch, Eier und Fleisch) sowie wertvolle Mineralien und Spurenelemente, wie das für ein robustes Immunsystem wichtige blutbildende Eisen und das für die T-Zellenausbildung in der Thymusdrüse und die Bildung des genetischen Materials notwendige Zink. Doch besonders beachtlich ist das Heer an immunsystemstärkenden Pigmenten und Tausenden von Enzymen.

In der Natur gedeiht Spirulina am besten bei Temperaturen um etwa 38°C in Seen tropischen Klimas, die durch heftige Niederschläge eine

Salzkonzentration von 10 bis 20 % aufweisen (Meerwasser enthält 3 % Salz). Die Spirulinakulturen, aus denen das auf dem europäischen Markt erhältliche Spirulinapulver und die Tabletten hergestellt wird, werden in mit lebensmittelechter Kunststoff-Folie ausgekleideten Bekken gezüchtet. Der Vorteil der kultivierten gegenüber der wilden blaugrünen Alge liegt darin, daß sie dem Kunden eine gleichbleibende Qualität gewährt. Zudem ist in angelegten Teichen die Überprüfung der Wasserreinheit einfacher. Es können aber auch Algen für verschiedene Gesundheitsprobleme gezüchtet werden, wie zink-, chrom- oder selenreichere Sorten für noch mehr Immununterstützung.

Spirulinas alkalisierende und schwermetallausscheidende Eigenschaft ist heute besonders gefragt. Denn die hochtechnisierte Verarbeitung von Lebensmitteln, deren chemische Behandlung, das Konservieren und Pasteurisieren sowie der mangelnde Konsum an frischem Obst und Gemüse bringt es mit sich, daß wir unseren Körper nicht mehr mit verwertbaren Mineralien versorgen. Dies, verbunden mit dem heute üblichen Dauerstreß, führt dazu, daß immer mehr Menschen an einem sauren Körpermilieu leiden. Professor Hiroshi Nakamura empfiehlt daher die blaugrüne Alge Spirulina, um das Säureniveau im Körper abzubauen. Auch Dr. Hiroshi Watarai charakterisiert Spirulina mit ihrem Ph-Wert von 9 bis 11 als stark alkalisch. Halima Neumann, die sich ebenso mit dem Thema Körperübersäuerung befaßt hat, wies auf den alkalisierenden Effekt der Alge hin.

Zudem nehmen wir täglich geringe Mengen an Schwermetallen, besonders Quecksilber, Aluminium, Uran und Kadmium auf. Auch die etwa 90 % der deutschen Zahnamalgamträger schlucken ihr tägliches Quentchen Quecksilber. Mehrere japanische Studien haben gezeigt, daß Spirulina in der Lage ist, die Nieren zu entgiften. Ihr Nutzen für die Gesundheit scheint offenbar keine Grenzen zu kennen. Viele Untersuchungen an Mensch und Tier demonstrieren, daß sich die blaugrüne Wunderalge schon in kleinsten Mengen positiv auf das körperliche Wohlbefinden auswirkt.

In einer 1989 vom NCI (National Cancer Institute = nationales Krebsinstitut) der USA initiierten Studie fanden Gustafson et al. sogar heraus, daß die sulfonhaltigen Bestandteile der Glykolipide in Cyanobacteria (blaugrüne Algen) „bemerkenswert effektiv" gegen das HIV-1 (human immunodeficiency virus) sind. Spirulina enthält Glykolipide und die immunsystemstärkenden Sulfolipide. Diese Studie veranlaßte mich, im Rahmen meiner Dissertation eine empirische Untersuchung mit HIV-positiven Mitgliedern der AIDS-Hilfegruppe in West Hollywood zu planen. Da sich jedoch nur zwei Personen zur Verfügung stellten, führte ich im Jahr 1995 die Studie mit immungeschwächten Probanden durch. Nach vier- bis sechswöchiger Einnahme von täglich 10 g Spirulina konnten 79 % der Teilnehmer ihren Gesundheitszustand deutlich verbessern, wobei die Blut- und Leberwerte, die Gemütsverfassung, die Verdauung und die Gedächtnisleistung in besonderer Weise profitierten (Vgl. Marianne E. Meyer: Spirulina, das blaugrüne Wunder).

Mehrere Untersuchungen vor allem an amerikanischen und asiatischen Universitäten demonstrieren, daß Spirulinaextrakte Krebsgeschwüre reduzieren, Anämien innerhalb von vier Wochen beseitigen, gegen radioaktive Strahlen schützen und Allergien unterdrükken. Weiterhin entgiften und regenerieren sie Leber und Nieren und wirken sich positiv auf Diabetes, Fettsucht, den Cholesterinspiegel und den Bluthochdruck aus. Auch erweisen sich die Spirulinaextrakte gegen Hepatitis, Leberzirrhose, Magen- und Darmschleimhautentzündungen sowie gegen Augenkrankheiten und gegen Krankheitskeime aller Art erstaunlich effektiv. Wie schon erwähnt sogar gegen das sogenannte AIDS-Virus. Besonders ältere und immungeschwächte Personen sowie Rekonvaleszenten aber auch Schwangere können von der Spirulinaalge profitieren.

Papaya hilft dem Magen und dem Darm

Papain oder das Enzymgemisch der Papaya hilft bekanntlich in Form verschiedenster Fertigpräparate bei Störungen der Magen-Darmsekretion, besonders bei gestörter Eiweißbildung. Auf die weiteren Heilwirkungen der sogenannten Baummelone hat mich Halima Neumann aufmerksam gemacht, die allein durch den Konsum von Papaya, Spirulina, Weizengras und Aloe vera ihr schweres Krebsleiden kurieren konnte. Dr. Koesel und Dr. Ray sind in ihrer jahrelangen ärztlichen Praxis auf die tumor- und krebsheilenden Eigenschaften des Papains, das aus dem Milchsaft unreifer Früchte gewonnen wird, aufmerksam geworden. Papain ist das wichtigste der sechs aus Papaya-Latex isolierten Enzyme. Die anderen werden als Chymopapain A und B, Lysocym, Callase, Lipase und Glutamin-Cyclotransferase bezeichnet. Doch nur die gelbgrüne, noch bißfeste Frucht enthält das wertvolle Papain in konzentrierter Form. Dieses Enzym weicht krankes und totes Gewebe, Zersetzungsgifte und verhärtete Schlacken auf und entkrustet schrittweise die Darmwände. Das geraspelte Fruchtfleisch, das „Papayakraut“ bereitet Frau Neumann wie einen Krautsalat zu. Papayagranulat stellt eine immer verfügbare Alternative dar, sofern die frische Frucht nicht zu haben ist (siehe „Adressen und Bezugsquellen“).

Die grüne Papaya, die dunkelgrünen bis schwarzen Kerne der reifen Frucht sowie die Blätter werden in den Tropen seit Jahrhunderten zur Vorbeugung und Behandlung des Wurmbefalls bei Mensch und Tier eingesetzt; der Milchsaft hilft speziell gegen Bandwürmer. Wenn wir, wie das zu meiner Kindheit noch üblich war, regelmäßige Wurmkuren mit natürlichen antiparasitären Mitteln, wie Wurmkraut- oder Kürbiskernöl, Wurmsamen (Zitwer), Diptam, Rainfarn, Teufelsabbiß, Kosobaum, Papayakraut und -kerne oder mit geriebenen rohen Möhren und bestimmten Kürbiskernen durchführen, brauchen wir uns vor keinen ungewünschten Mit-Essern zu fürchten.

Neben den zahlreichen Enzymen enthält die Papaya für die Zellregeneration wichtige Aminosäuren sowie die Vitamine A, C und E. Laut Halima Neumann weisen die dunkelgrünen bis schwarzen Kerne einen hohen Gehalt an Leatril (Vitamin B-17) auf, die somit, wie auch die Aprikosenkerne, ein wirksames Anti-Krebsmittel darstellen. Getrocknet können die Kerne auch als Pfefferersatz verwendet werden. Die Blätter enthalten Papain und andere Enzyme, Glykoside, Saponine und Alkaloide. B. Simonsohn, die über die Papaya ein äußerst interessantes Buch geschrieben hat (sh. „Literaturverzeichnis"), führt die immunstärkende Wirkung der „Wunderfrucht" auf ihren hohen Gehalt an Vitamin C, Enzymen und Coenzymen in Form von Vitaminen, Mineralstoffen und Spurenelementen zurück. Das effektive Funktionieren der körpereigenen Abwehrkräfte wird ebenso durch den Abbau von Eiweißstoffwechselprodukten, durch die entzündungshemmende Wirkung, die Reinigung des Darms sowie durch die Beschleunigung von Stoffwechsel und Ausscheidungsfunktionen ermöglicht. Walker empfiehlt den Papayasaft der reifen Frucht zur Anregung von Lymphdrüsen und Milz und damit zur gesamten Entgiftung, indem Abfälle aus dem Blut gefiltert sowie Zellen und Gewebe regeneriert werden.

Weizen- und Gerstengras liefern Sauerstoff und Energie

Ann Wigmore, die Gründerin des Hippocrates Health Institutes in Boston, der ältesten holistischen Klinik in Amerika, konnte sich durch selbst gezogenes Weizengras von ihrer jahrelangen Arthritis und Colitis befreien. Mit der neuen Energie steckte sie ihre Freunde an, die diese von einem Kätzchen und einem Cockerspaniel „empfohlene Wundermedizin" ausprobieren wollten: Von mehreren Grassorten bevorzugten die Tiere das Weizengras, und Frau Wigmore vertraute dem Instinkt der Vierbeiner. Ohne Ausnahme gaben alle Freunde zu, aufgeweckter und schmerzfreier zu sein. Sie konnten länger arbeiten ohne zu ermüden, brauchten viel weniger Schlaf und fühlten sich dennoch frischer und ausgeruhter.

Es heißt, der Mensch stirbt an Hunderten von Krankheiten, grasfressende Tiere an fünf bis zehn. Selbst meine fleischfressenden Katzen halten sich während einer Krankheit strikt an die Gras-Wasser-Diät. Denn das Gras führt dem Körper alle lebenswichtigen Nährstoffe zu. Weizen-/Gerstengras enthält fast 25 % Eiweiß, 17 % Ballaststoffe, mehr als 10 % Mineralstoffe und mehr als 5 % des immunsystemstärkenden Chlorophylls, das wegen seiner Ähnlichkeit mit dem Hämoglobin-Molekül (roter Blutfarbstoff) als grünes Blut bezeichnet wird. Die Moleküle sind fast identisch; der wesentliche Unterschied besteht lediglich darin, daß Chlorophyll um ein Magnesiumatom (Mg) und Hämoglobin um ein Eisenatom (Fe) herum gebildet ist. Die Folgerung, daß Chlorophyll dem Körper zuträglich ist, ist daher naheliegend.

Das Gras ist auch besonders hoch in dem für die Herztätigkeit und die Enzymfunktion wichtigen Kalium (10 g enthalten 320 mg) sowie in dem ebenfalls die Enzymreaktionen und Teile der Körperabwehr anregenden Spurenelement Zink (50 mcg pro 10 g Gras). Auch das für das Funktionieren der Schilddrüse so wichtige Jod ist mit 20 mcg reichlich vorhanden. Weizen-/Gerstengras enthält darüber hinaus mehr Vitamin C als Orangen, mehr Eisen als Spinat und ebensoviel Calcium wie Milch. Da das Calcium der Milch durch das Pasteurisieren verfilzt, kann es ohnehin vom Körper nicht aufgenommen werden, ein Grund für die Zunahme von Osteoporose. Das Gras enthält doppelt so viele Ballaststoffe wie Haferkleie, bei der es sich zudem nur um die Fraktion eines Nahrungsmittels handelt, wogegen Weizen- und Gerstengras dem Körper als ganze organische Verbindungen zugeführt und daher besser verwertet werden können.

Der Gehalt an dem entgiftenden, immunsystemstärkenden Beta-Carotin (Provitamin A) ist fast so hoch wie bei der Chlorellaalge. Damit liegt das Gras an 3. Stelle hinter Spirulina und Chlorella. Außer dem Vitamin K, bedeutend für eine gut funktionierende Blutgerinnung und dem Vitamin E, das ein weiteres Antioxidans darstellt sowie die für Nerven und Blut so wichtigen B-Vitamine, enthält das Gras 20 Aminosäuren, einschließlich der acht lebenswichtigen. Damit liefert es ein vollwertiges pflanzliches Eiweiß. Der Vorteil dieser lebenden Zusatznahrung ist, daß der Nährwert der Stoffe im Verbund größer ist, als wenn die einzelnen Nährstoffe isoliert aufgenommen würden. Die Bestandteile des Weizen- und Gerstengrases reinigen das Blut, sichern eine geregelte Tätigkeit des Dickdarms, dessen Gesundheit sie aufrecht erhalten, sorgen für gesunde rote Blutkörperchen sowie für eine optimale Blutzirkulation und helfen daher auch bei der Stärkung der körpereigenen Abwehr. Denn die Hämoglobinmoleküle der roten Blutzellen ebenso wie das Chlorophyll transportieren Sauerstoff in allen lebenden Organismen.

Dr. Laurence E. Badgley konnte in seiner Praxis feststellen, daß Patienten, die während eines Wetterwechsels eine Grippe oder Erkältung bekommen, entweder Raucher sind oder einen niedrigen Eisenwert im Körper aufweisen. Ein niedriges Eisendepot verursacht einen geringen Hämoglobingehalt der roten Blutkörperchen und dies resultiert aus einer reduzierten sauerstofftransportierenden Kapazität der roten Zellen. Beim Rauchen verbindet sich das Hämoglobin mit dem Kohlenmonoxid des Zigarettenrauchs, und diese Beschäftigung mit dem Kohlenmonoxid führt zu einer verminderten Sauerstoffaufnahme- und -transportfähigkeit der roten Blutkörperchen. Ist reichlich Sauerstoff im Gewebe vorhanden, blüht jedes Leben, ohne dieses lebensnotwendige Gas entstehen Krankheiten. Das Chlorophyll in allen grünen Pflanzen, das in besonders großer Menge im Weizen- oder Gerstengras vorkommt, transportiert Sauerstoff und liefert uns Energie.

Aloe vera aktiviert die Immunzellen

Mehr als 200 verschiedene Arten der Aloepflanze wachsen in trockenen Gebieten überall auf der Erde. Im Pflanzenmark der fleischigen Blätter und im frischen oder kaltgepreßten Saft befinden sich die vielfältigen heilenden Bestandteile, die aufgrund ihrer lindernden Wirkung bei Insektenstichen und Sonnenbrand überall auf der Welt geschätzt werden. Die wesentlichen Eigenschaften der innerlich wie äußerlich anwendbaren Heilpflanze sind ihre antiseptische, entzündungshemmende, antivirale und -bakterielle Wirkung. Somit kann ihr insgesamt eine das Immunsystem unterstützende Funktion zugeordnet werden. Die in ihr enthaltenen Polysaccharide aktivieren eine Serie von Immunzellen (Proteine des Abwehrsystems). Dadurch hilft Aloe indirekt bei der Vernichtung von Bakterien in den Blutgefäßen.

Außer für das sichere Abführen, das auch vom BGA bestätigt wird, sorgt die Aloe-vera-Pflanze für eine Verringerung der Blutfettwerte. Diese Wirkung wird einer Fettsäure, dem HDL-Cholesterin, dem „guten" Cholesterin, zugeschrieben. Außer diesem wertvollen Pflanzensterol enthält die Aloe auch noch die Fettsäuren Campesterol und B-Sitosterol, die laut Gregory zusammen mit dem HDL-Cholesterin wichtige Helfer beim Reduzieren von Allergiesymptomen und Säureunverträglichkeiten sind. Diese Bestandteile der Aloe helfen ebenfalls bei Arthritis, rheumatischem Fieber, innerlichen und äußerlichen Geschwüren und Entzündungen des Verdauungssystems. Auch die Leber, die Nieren und die Bauchspeicheldrüse können von dieser entzündungswidrigen Wirkung profitieren.

Unzählige amerikanische und russische Untersuchungen bestätigen bei regelmäßiger Aloesaft-Einnahme eine deutliche Verbesserung des gesamten Stoffwechsels und der Immunabwehr. Die Behandlungserfolge bei Krebs- und AIDS-Kranken sind ermutigend. Im Artikel „Aloe Drug May Mimic AZT without Toxicity" der „Medical World News" vom Dezember 1987 informiert Dr. H. Reginald McDaniel über erste Zeichen, die dafür sprechen, daß eine Substanz in der Aloepflanze das Immunsystem von AIDS-Patienten unterstützt. Ebenso blockiert sie die Ausbreitung des HI-Virus. 1989 führte Dr. Terry L. Pulse eine systematische Untersuchung mit AIDS-Patienten durch, die täglich ein Aloe-Spezialgetränk, das zudem Spirulina und Nachtkerzenöl enthielt, zu sich nahmen.

Der Zweck der Studie war, das Immunsystem der Patienten zu stärken, um die körpereigene Abwehr zu befähigen, derzeitige und künftige Infektionen bekämpfen zu können. An der Studie über einen Zeitraum von 180 Tagen nahmen 28 Personen teil. 16 davon hatten „voll ausgebrochenes AIDS"; sie konnten jedoch nach 180 Tagen so deutliche Fortschritte verzeichnen, daß sie nicht mehr in diese Kategorie fielen. Ebenso erwiesen sich zwei Patienten nach der MWR (Modified Walter Reed Skala) als 0, also HIV-negativ. Später konnten noch fünf Patienten in diese Kategorie eingereiht werden. Finnegan und Schmid berichten 1996, daß sich bei Personen, die täglich 1/2 Liter Aloesaft aus dem frischen Blatt zu sich nahmen, schon nach wenigen Tagen eine bemerkenswerte immunstärkende Wirkung zeigte. Die Abwehrzellen (weißen Blutkörperchen) wurden so gestärkt, daß selbst aggressive Viren die Zellwände nicht mehr durchdringen konnten. Ebenso wurde eine Zunahme der Rückenmarksaktivität festgestellt, die zu einer vermehrten Blutbildung führte.

Diese Ergebnisse sind besonders wichtig für Leukämiepatienten. Zum Regenerieren der Zellen, gegen Pilze, Bakterien und Viren sowie zur Behandlung von AIDS verordnet Dr. Balch täglich zweimal 2 Tassen Aloesaft . Vermutlich verhindert der Wirkstoff Carrisyn in der Aloepflanze das Wachstum und die Verbreitung von HIV.

Halima Neumann empfiehlt, bei AIDS, Krebs und Multiple Sklerose (MS) 3- bis 4 mal täglich 40 bis 50ml Aloesaft mit 400 ml Eibischwurzeltee verdünnt auf leeren Magen zu trinken (siehe „Adressen und Bezugsquellen"). Bei allen chronischen Erkrankungen: 3 mal 30 bis 40 ml täglich; zur Immunstärkung 1 mal 20 bis 30 ml täglich mit 300 bis 400 ml stillem Wasser oder Eibischwurzeltee. Bei regelmäßiger Einnahme können Verbesserungen auch bei sämtlichen anderen Erkrankungen erzielt werden, die auf einem geschwächten Immunsystem beruhen, wie Allergien, Azidose, Candidose, Epstein-Barr-Virus (chronische Schwäche), Krebs, MS und Entzündungen aller Art.

Wer für alle Fälle einige Aloepflanzen im Haus haben möchte, sollte 4 bis 5 Jahre alte Pflanzen nehmen. Die Blätter zur Gewinnung des Saftes sind fleischig, etwa 40 – 50 cm lang, 10 bis 15 cm breit und 4 bis 5 cm dick. Die abgeschnittenen Blätter werden so geschichtet, daß der Saft in einem Gefäß gesammelt werden kann.

Ananas, der Brennstoff für die Nerven

Der Saft der unreifen Ananas wird von den brasilianischen Indianern schon seit Jahrhunderten als wirkungsvolles Wurmmittel eingesetzt. Auch die reife Frucht und der Saft haben aufgrund des hohen Bromelaingehalts eine wurmtötende und -abtreibende Wirkung. In ihrem Buch „Die sagenhafte Heilkraft der Ananas" weist Barbara Simonsohn ebenso darauf hin, daß die Indianer von Süd- und Mittelamerika die pflanzlichen Enzyme der Ananas, wie auch der Papaya, zum Auflösen von gut- und bösartigen Tumoren verwendet haben. Daher werden sie heute von einigen Ärzten als die „Erfinder der modernen Enzymtherapie" bezeichnet. Bei Krebserkrankungen hat sich außerdem gezeigt, daß Bromelain der Bildung von Metastasen entgegenwirkt. Werden Enzympräparate ergänzend zur Chemo- oder Strahlentherapie eingesetzt, kann die Dosierung der „harten Geschütze" reduziert werden, dadurch werden Nebenwirkungen wie Übelkeit und Haarausfall gemindert.

Es heißt, Ananas sei ein „Brennstoff für die Nerven". Das liegt sicher daran, daß sie auch ein „Powerhouse" an Mineralstoffen darstellt. Außerdem enthalten 100 g Ananas etwa 20 mg Vitamin C, das zusammen mit Zink und der Enzymaktivität insgesamt das Immunsystem stärkt. Wir fühlen uns bei regelmäßigem Ananaskonsum immer fit und konzentrationsfähig. Zur besseren Verdauung kann man nach dem Essen ein Glas Ananassaft trinken. Der Saft soll einen Teil der Magensäure ersetzen, die für das eiweißverdauende Enzym Pepsin wichtig ist. Ein Mangel an Magensäure bedeutet, daß unverdautes Eiweiß in den Darm gelangt. Dieses verursacht Fäulnisprozesse, die zu gesundheitlichen Problemen führen.

Colloidales Silber (CS) entlastet das Immunsystem

Alle lebenden Dinge existieren in einem colloidalen (aus feinen Teilchen bestehenden) Zustand. Bevor irgendeine Medizin genutzt werden kann, muß der Körper sie vom kristallinen in den colloidalen Zustand umwandeln. Colloidales Silber ist das am besten verfügbare Mittel, um Erkältungen, Grippe und vielen anderen durch Krankheitskeime verursachten Erkrankungen vorzubeugen und sie zu heilen. Täglich eingenommen funktioniert es wie ein zweites Immunsystem, indem es das erste entlastet. Dies resultiert in einer gesteigerten Vitalität, man fühlt sich energetisiert, hat eine größere Ausdauer und kann sich besser entspannen.

Eine Reihe von Ärzten und Forschern aus aller Welt stellten die Wirkung von CS bei Streptococcus, Staphylococcus aureus, Salmonella typhi, Neisseria gonorrhoeae (Verursacher vom „Tripper"), Gardnerella vaginalis, Candida-albicans-Mykosen und etwa 650 weiteren Krankheitskeimen fest. Durch Befragung und aufgrund von Haaranalysen entdeckte Dr. Robert Becker einen Zusammenhang zwischen niedrigen Silberwerten und Erkrankung. Personen mit einem niedrigen Silberspiegel hatten zahlreiche Erkältungen, Fieber, Grippeerkrankungen und andere Leiden. Neben dem Breitbandeffekt gegen Keime aller Art fand der Forscher heraus, daß in Gegenwart von Silberionen verletztes oder verbranntes Gewebe zum Wachstum angeregt wird und Krebszellen sich zurück zu normalen Zellen verändern.

Die effizienteste Art, Silber in den Körper zu bringen, ist durch den elektrochemischen Prozeß, bei dem extrem feine Silberteilchen durch minimale Aufladung der Atome in ozonbehandeltem destilliertem Wasser aufgeschwemmt werden. Echtes colloidales Silber bedarf keiner künstlichen Stabilisierung oder Zusätze jedwelcher Art. Die geschmack- und geruchlose Lösung, die idealerweise eine goldgelbe Tönung aufweist, brennt nicht und kann daher auf alle Wunden und Brandwunden sowie Ekzeme gegeben, aber auch direkt in Augen und Ohren getropft oder inhaliert bzw. gesprüht werden.

Ein mir bekannter texanischer Hersteller von CS berichtete mir kürzlich über zahlreiche erstaunliche Heilerfolge von Kunden, Freunden und Bekannten. Er kann die Wirkung des „Wunderwässerchens" so ausführlich dokumentieren, daß ich damit ein ganzes Buch füllen könnte. Persönlich benutze ich CS vor allem gegen Augenentzündungen, die ich mir leicht zuziehe, wenn ich beim Autofahren ein Seitenfenster offen lasse. Früher litt ich drei bis vier Tage an einer solchen Infektion; mit CS, das ich mir dazu einfach nur ins Auge tropfe, dauert es maximal einen Tag.

Dieses natürliche Antibiotika tötet innerhalb von sechs Minuten alle Krankheitskeime ab, wobei selbst die mehrgestaltigen Arten abserviert werden, egal, wie auch immer sie ihr genetisches Material verändern. Sogar das HI-Virus muß daran glauben, wie an der UCLA (Universität von California, Los Angeles) festgestellt wurde. Und nun der überragende Vorteil von CS: Es entwickeln sich selbst bei Daueranwendung keine resistenten Arten.

Grapefruitkern-Extrakt, das natürliche Antibiotikum

Mit den Wirkstoffen im Kern der Grapefruit hat uns die Natur ein Heilmittel zum Geschenk gemacht, das in der Lage ist, unser Immunsystem erheblich zu entlasten. Dieses wahre Wundermittel, das noch vor einigen Jahren als Citricidal® in den Gesundheitsläden der USA angeboten wurde, verwende ich seit etwa fünf Jahren und möchte auf dieses stark wirkende natürliche „Antibiotikum" auch nie mehr verzichten. Überall nehme ich den Grapefruitkern-Extrakt mit hin und konnte damit außer meiner Familie und den Katzen auch schon einigen Freunden helfen, die sich eine Infektion oder eine Lebensmittelvergiftung zugezogen hatten. Bei undefinierbaren Beschwerden nehmen wir 7 bis 10 Tropfen in einem Glas Wasser, für die Haustiere 1 bis 2 Tropfen mit Wasser in einer 2 ml-Einmalspritze (ohne Nadel; seitlich zwischen die Lefzen geschoben einspritzen). Fünf bis zehn Minuten nach der Einnahme sind die Beschwerden gewöhnlich wieder verschwunden. Im Schampoo verwendet, können Schuppen, im Fußbad Fußpilze behandelt werden. Das schon seit Ende der 80er Jahre in den USA in klinischen Untersuchungen getestete natürliche Breitbandtherapeutikum ist laut Sharamon und Baginski wirksam bei nahezu 800 Bakterien- und Virenstämmen, bei etwa 100 Pilzstämmen sowie bei einer großen Anzahl von Protozoen (einzellige Parasiten).

Dr. Allan Sachs, ein ganzheitlich praktizierender Arzt aus dem legendären Woodstock, NY, der sich seit 1990 an den klinischen Untersuchungen des Zitrus-Extrakts beteiligte, schreibt in der Ausgabe des „Natural Health“ Magazins vom Februar 1992, daß dieses natürliche Antibiotikum nicht nur Candida albicans erfolgreich bekämpft, sondern ebenfalls wirksam gegen Salmonellen, Staphylokokken, Streptokokken, Amöben und Lamblien ist und sich daher zur Verhütung von Nahrungsmittelvergiftungen eignet.

Bei Lamblien handelt es sich um Geißeltierchen, die den Dünndarm besiedeln. Von diesen parasitären Einzellern, wie auch von den Amöben, vermuten einige Wissenschaftler, daß sie mitverantwortlich für die Auslösung von AIDS bei HIV-positiven Patienten sind. Der größte Vorteil des Grapefruitkern-Extrakts gegenüber den schulmedizinisch verordneten Antibiotika ist, daß er das Immunsystem nicht schwächt, sondern im Gegenteil stärkt, denn er hat nur eine sehr geringfügige Wirkung auf die nützlichen Bakterien des Verdauungstrakts. Konventionelle Antibiotika zerstören ja, wie wir schon weiter oben gehört haben, die natürliche Darmflora und besitzen unvorhersehbare Kurz- oder Langzeitnebenwirkungen auf den Organismus. Ein in seiner natürlichen Ökologie gestörter Darm macht es Bakterien, Pilzen und Parasiten wiederum leicht, sich festzusetzen und auszubreiten. Somit entsteht ein Teufelskreis, der zu chronischen Entzündungen und in der Folge zu einer Schwächung des Immunsystems führt.

Der praktisch nebenwirkungsfreie Grapefruitkern-Extrakt unterstützt unser Immunsystem und unsere Entgiftungsorgane, und immer mehr ganzheitlich orientierte Ärzte und Heilkundige verschreiben ihn. Dr. Sachs weist allerdings darauf hin, daß ungefähr 3 bis 5 % aller Menschen gegen Zitrusfrüchte allergisch reagieren und daher auch eine Überempfindlichkeit gegen den Grapefruitkern-Extrakt haben können. In diesem Fall sollte man mit einem Tropfen auf ein Glas Wasser beginnen und die Dosis langsam steigern. Sharamon und Baginski raten jedem, mit einer geringeren Dosis zu beginnen, da durch die absterbenden mikrobischen oder anderen Krankheitserreger Toxine frei werden. Diese als Jarisch-Herxheimer-Reaktion bezeichnete „Absterbe"-Reaktion kann Unwohlsein und Müdigkeit hervorrufen. (Dies gilt im übrigen auch für das bereits vorgestellte colloidale Silber). Der Grapefruitkern-Extrakt ist auch als Pulver in Kapseln erhältlich, jedoch ist er in dieser Form nicht ganz so wirksam wie die in Glycerin gelösten Tropfen.

Echinacea ist eine Barriere gegen Infektionen

Nur wenige der Abertausenden von potentiellen Heilpflanzen sind so sorgfältig untersucht worden wie diese purpurfarbene Kegelblume. Zahlreiche Forschungen demonstrieren Echinaceas immunstimulierende Eigenschaften. Im Jahre 1885 propagierte Dr. H.C.F. Meyer erstmals Echinacea als Blutreiniger und es dauerte eine Weile, bis die Pflanze als Heilmittel anerkannt wurde. Doch Anfang dieses Jahrhunderts verlor Echinacea in Amerika schon wieder an Bedeutung, da am 27.11.1909 das Journal of the American Medical Association mitteilte, daß keine wissenschaftlichen Studien existierten, die die behaupteten Wirkungsweisen bestätigten und Echinacea sei keiner weiteren Erwägung wert, solange keine zuverlässigen Argumente zu seinen Gunsten hervorgebracht würden.

In den 50er und 60er Jahren begannen deutsche Wissenschaftler die medizinische Heilwirkung der Pflanze zu erforschen; eines der ersten Resultate war, daß Echinacea die Kittmasse der Zellen, die Hyaluronsäure (wichtiger Bestandteil der Grundsubstanz des Binde- und Stützgewebes) zusammenhält, wenn die von Krankheitskeimen ausgeschiedenen Chemikalien diese Substanzen aufzuspalten drohen. Echinacea stellt insofern eine Barriere gegen Infektionen dar. Mowrey erklärt, daß das Enzym Hyaluronidase die intrazelluläre Kittsubstanz Hyaluronsäure aus einem noch nicht ganz geklärten Grund attackiert, worauf sie ihre Klebrigkeit verliert, so, als ob sich Gelee in Wasser verwandelt. Dadurch können Bakterien das Gewebe durchdringen und uns krank machen. Mowrey geht davon aus, daß ähnliche Mechanismen bei Rheuma und Tumorbildung beteiligt sind. Echinacea, so habe sich gezeigt, hindert das Enzym daran, die Kittmasse aufzulösen.

Ein anderer beobachteter Heileffekt war, daß Echinacea zwar keinen direkten virenabtötenden, dafür aber einen wirtsstärkenden Effekt hat. Nützlich erwies es sich bisher bei Grippe und Herpes. Ebenso wurde Echinaceas positiver Effekt auf die Thymusdrüse dokumentiert und ein Anti-Tumoreffekt bei Mäusen beobachtet (Wagner und Proksch 1985, Voaden und Jakobsen 1972). Echinaceas Polysaccharide, Inulin und Echinacin sind für die folgenden immunstimulierenden Aktivitäten verantwortlich:

- Unterstützung der Makrophagen-Zytoxität,
- Stimulierung der T-Lymphozyten,
- Verstärkte T-Lymphozytentransformation,
- Gesteigerte Makrophagen-Phagozytose inklusive Kupfferzellen,
- Stimulierung der Interferon-Produktion.

Der Orientalmediziner Gregory benutzt das Heilkraut als Blutreiniger und zur Stimulierung der Organe, da es Säuren neutralisiert und überschüssiges Fett entfernt, wo Gifte angestaut sind. Das natürliche Antibiotikum verhindert das Anwachsen von Bakterien und Viren und tötet laut Gregory Parasiten und Würmer. Am wirksamsten ist Echinacea, wenn alle drei verschiedenen Pflanzentypen (augustifolia, pallida und purpurea) zusammen verwendet werden.

Dr. Balch verschreibt Echinacea zur Stärkung des Immun- und Lymphsystems, bei Koliken, Erkältungen, Grippe und anderen entzündlichen

Erkrankungen und Schlangenbissen. Sollte eine Allergie gegen Pflanzen der Familie der Sonnenblumen vorliegen, sollte auf Echinacea verzichtet werden. In der kalten Jahreszeit kann es auch vorbeugend eingenommen werden. Während einer Erkrankung ist die Dosis zu erhöhen.

Knoblauch (Allium sativum) für jede Art von Erkrankung

Selbst im Klinischen Wörterbuch der Schulmedizin kann man etwas über die natürlichen antibiotischen Eigenschaften des Liliengewächses Allium sativum erfahren. Es enthält ätherische Öle, Enzyme (etwa Allinase, Arginase), Cholin, Rhodanwasserstoffsäure, Jod, Uran, Vitamine A, B-1,2,3, C, Sexualhormone, Spurenelemente wie Magnesium, Eisen, Mangan, Zink und andere Saponine und Flavonoide. Als Antibiotika konnten bisher das Allicin, das Garlicin und die Scordinine isoliert werden. Sie wirken gegen eine Anzahl von Bakterien, Pilzen und Würmern, das Allicin beispielsweise gegen Darmbakterien, Bandwürmer und Trichinen. Der Apotheker Pahlow schreibt dem Allici die Wirksamkeit des Knoblauchs bei Gärungsprozessen im Darm und damit verbundenen Blähungserscheinungen und krampfartigen Schmerzzuständen zu. Knoblauch wird auch als Blutverdünner verwendet; seine Inhaltsstoffe Adenosin und Allicin verhindern das Zusammenballen der Thrombozyten. Dem hohen Adenosingehalt der Lilienknolle wird auch der bekannte antisklerotische Effekt zugesprochen.

Balch und Balch führen folgende Wirkungen und Verwendungen des Knoblauchs auf: Er entgiftet den Körper und schützt gegen Infektionen, indem er die Immunfunktion stärkt; er fördert den Kreislauf und senkt den Blutdruck sowie die Fettwerte im Blut: er hilft bei der Behandlung von Arteriosklerose, Arthritis, Asthma, Krebs, Kreislaufproblemen, Grippe und Erkältungen, Verdauungsproblemen, Herzbeschwerden, Schlaflosigkeit, Lebererkrankungen, Sinusitis (Nasennebenhöhlenentzündung), Geschwüren und Hefepilzinfektionen.

Im Grunde genommen kann Knoblauch also für jede Art von Erkrankung verwendet werden. In der Homöopathie wird Allium sativum in den Potenzen D3 bis D6 bei chronischer Bronchitis, Verdauungsstörungen, Rheuma, Muskel- und Gliederschmerzen angewendet.

Über den Verbrauch des Knoblauchs gehen die Meinungen auseinander. Die einen schwören auf frische Ware, die anderen auf Kapseln. In der Küche verwende ich die Knoblauchzehen im Ganzen, wenn ich die nächsten 15 bis 20 Stunden nicht unter die Leute gehen muß, anderenfalls entferne ich den Keim in der Mitte, den Hauptverursacher des strengen Odeurs.

Lapacho-Tee bekämpft Infektionen

Seit den Zeiten der Inka und Azteken wird in Südamerika der Tee des „Göttlichen Baumes“ mit den vielen Namen als tägliches Getränk verwendet. Von diesem in Brasilien Pau d'arco oder Ipe Roxo, in Bolivien Taheebo und in Argentinien Lapacho genannten Baum wird die rote innere Rinde benutzt, um äußere und innere Infektionen zu bekämpfen. In ihr sind große Mengen Sauerstoff in für den menschlichen Organismus leicht verfügbarer Form gebunden. Dieser Sauerstoff ist in der Lage, Bakterien, Pilze, Viren und Protozoen (einzellige Urtierchen) abzutöten und unterstützt dadurch das Immunsystem bei seiner Abwehrarbeit.

Der Tee ist bekannt für seine Wirksamkeit bei Krebs und Infektionen, besonders bei Hefepilzinfektionen wie Candidose. Die Anti-Tumor-Wirkstoffe Lapachol und Xyloidine der inneren Baumrinde wirken auch gegen den Candida-albicans-Hefepilz. Der Autor Walter Lübeck sieht den Grund, weshalb der Tee in Südamerika so erfolgreich bei Candidose angewendet wird, darin, daß der Körper gründlich entgiftet und entschlackt wird, wodurch das Immunsystem wieder besser funktionieren kann (siehe „Literaturverzeichnis“). Zum anderen wird das Abwehrsystem in der Weise beeinflußt, als die Produktion von Immunzellen drastisch erhöht wird, wodurch die Pilzsporen attackiert werden können. Ebenso wird dem Candida albicans durch die eingangs erwähnte Verbesserung der Sauerstoffversorgung des Körpers der Verbleib in selbigem verleidet.

Lapacho-Tee reguliert einen entgleisten Zuckerstoffwechsel, der ja bekanntlich geradezu eine Einladung für den Hefepilz darstellt. In „Heilen mit Lapacho-Tee“ listet Walter Lübeck Erfahrungsberichte und Lapacho-Geschichten auf, die von Heilwirkungen des Tees bei Diabetes, Heuschnupfen, Krampfadern, Krebs, Leukämie, Verstopfung und Übergewicht zeugen. Weiterhin informiert er über kurmäßige Anwendungen bei Allergien aller Art, Amalgamausleitung, Anämie, Arteriosklerose, Arthritis, Chemikalienübersensibilität, entzündliche Darmerkrankungen, chronische Eiterungen und vieles mehr. Gregory empfiehlt den Baumrindensud auch als Rektal- und Vaginalspülung oder äußerlich auf der Haut (Waschungen, Bäder). Er macht darauf aufmerksam, daß der Tee, wenn er zu lange und in zu hoher Dosis genossen wird, Leberbeschwerden verursachen kann, indem er zuviel Hitze produziert.

Außer dem natürlichen antibakteriellen Effekt von Lapacho-Tee schreiben Balch und Balch ihm noch weitere für die Gesundheit positiven Eigenschaften zu: er reinigt das Blut, wirkt gegen Warzen und Raucherhusten und hilft bei AIDS, Allergien, Herz-Kreislaufproblemen und Rheuma.

Lapacho-Rezept

Der das Immunsystem stärkende Tee, der auch alkalisierend wirkt, wird nach Lübeck wie folgt zubereitet:

Je nach Geschmack gebe man 1 – 2 Eßlöffel Lapacho-Tee in gut einen Liter kochendes Wasser. 5 Minuten lang auf kleiner Flamme sprudelnd weiter kochen lassen, zur Seite stellen und noch 15 – 20 Minuten ziehen lassen. Damit der Tee durch im Wasser verbleibende Rindenteilchen nicht bitter wird, sollte er durch ein feinmaschiges Sieb oder Leinentuch in das Vorratsgefäß gefüllt werden. Morgens 1 – 2 Tassen zur Säureausscheidung und je eine Tasse eine Stunde vor den Mahlzeiten trinken.

Wie bei anderen Naturheilmitteln empfiehlt es sich, zur Vermeidung von Allergien und Resistenzen nach zirka sechs Wochen ein anderes Immunstimulanz zu verwenden. Als Vollbad die doppelte bis dreifache Menge nehmen und den abgeseihten Tee dem Wannenwasser zugeben. Über einzelne Anwendungsarten und Rezepte informiert dieses Buch von Walter Lübeck.

Goldsiegelwurzel (Hydrastis canadensis) stimuliert die Abwehrkräfte

Die gelblichen Sproßknöpfe des Wurzelstocks der auch als kanadische Gelbwurzel bezeichneten Heilpflanze sind aufgrund des Alkaloidgehalts (Hydrastin, Berberin, Kanadin) als blutstillend bekannt. Ansonsten ist die berberinhaltige Pflanze mit ähnlichen Qualitäten wie die Berberitze ausgestattet. Sie hat eine kraftvolle antibiotische Wirkung gegen verschiedene gefährliche Organismen, wie Staphylococcus saprophyticus, Streptococcus spp., Chlamydia spp., Corynebacterium diphtheriae, Salmonella typhi, Vibrio cholerae, Diplococcus pneumoniae und Candida albicans. Die Goldsiegelwurzel verfügt über eine bemerkenswerte immunstimulierende Aktivität. Wie die Berberitze fördert sie die Blutzufuhr zur Milz sowie die Ausschüttung immunverstärkender Verbindungen und zeigt sich aktivierend auf die Makrophagen, die, wie oben erwähnt, verantwortlich sind, Bakterien, Viren, Pilze, Tumorzellen und chemische Substanzen zu verschlingen und zu zerstören. In der Homöopathie findet die Hydrastiswurzel bei chronischen Katarrhen, Darm- und Leberbeschwerden, Haut- und Drüsenerkrankungen Verwendung.

Wasserstoffperoxid (H_20_2) gegen Krankheitskeime

Obgleich die Mehrzahl der unzähligen Untersuchungen dieses oxidationsfähigen Mittels von der Mayo-Klinik stammen, kann man nichts über seine Verwendung als Mittel gegen Krankheitskeime aller Art finden. Zumindest nicht in der klassischen Medizin. Lediglich kann man lesen, daß es als Desinfektionsmittel eingesetzt wird. Dabei hat die Natur es so eingerichtet, daß sich diese Schutzsubstanz in einigen Körpersekreten, besonders in der Muttermilch befindet. Vor allem das Kolostrum, die „erste Milch" enthält einen hohen Prozentsatz an H_2O_2.

Hulda Regehr Clark empfiehlt 35%iges H_2O_2 als Mundspülung und zum Zähneputzen, da Zahnpasta in der Regel neben der Verunreinigung mit Benzol toxische Metalle enthält (Zinn, Fluor, Strontium). Es handelt sich hier um eine zum Verzehr geeignete Lösung. In den hiesigen Apotheken gibt es 30%iges H_2O_2; keiner der von mir befragten Apotheker hatte jedoch je gehört, daß es sich zum Einnehmen eignet. Meine Mutter, die unter schweren Candida-Mykosen litt, probierte es aus und konnte die Hefepilze damit vernichten.

Man kann übrigens einige Tropfen zum Wasser in den Pflanzenbesprüher geben und erhält somit ein wirkungsvolles Insektizid. In Amerika kann man das 35%ige H_2O_2 in Health Food Stores kaufen oder bestellen (siehe „Adressen und Bezugsquellen"). Es muß unbedingt mit mindestens 1/4 Glas Wasser oder Saft verdünnt werden und eignet sich im Gegensatz zum 3%igen zur oralen Einnahme, da es keinerlei Konservierungsstoffe oder Stabilisatoren enthält.

Am ersten Tag nimmt man 3 Tropfen dreimal täglich und arbeitet sich bis zum 22. Tag auf 25 Tropfen dreimal täglich hoch, danach reduziert man in gleicher Reihenfolge rückwärts bis zu drei Tropfen. Wenn die Entgiftungserscheinungen zu stark sind (Kopfschmerzen, Übelkeit), anstatt dreimal nur einmal täglich einnehmen bzw. 4 bis 8 Kapseln der Aminosäure Ornithin mit einem Glas stillem Wasser schlucken.

Im Fall von Magenbeschwerden kann die verdünnte Lösung auch auf die Haut gesprüht werden. In den Vereinigten Staaten gibt es zudem Wasserstoffperoxid-Gel, das in die Fußbeuge eingerieben werden kann. Bei Mykosen der Mundschleimhaut, die sich durch einen stippchen- oder flächenartigen weißen Belag zeigen, füllt man 3%iges unverdünntes Wasserstoffperoxid in eine Sprühflasche und hat damit ein wirksames Mundspray. Die Oxidationsanwendungen können einmal täglich äußerlich durchgeführt werden. In eine Sprühflasche gefülltes 3%iges unverdünntes Wasserstoffperoxid wird dabei auf den ganzen Körper aufgesprüht. Das leichte Prickeln, das man dabei ein paar Minuten lang spürt, wird durch den frei werdenden Sauerstoff verursacht, der im Körper absorbiert wird. In schweren Fällen kann das Spray auch dreimal täglich benutzt werden. Gewöhnlich schäumt es an den Stellen, an denen sich die Mikroorganismen angesiedelt haben. Gewöhnliches (3%iges) Wasserstoffperoxid kann zum Gurgeln und als Badezusatz (1/2 Tasse bis zu 2 bis 3 Tassen bei AIDS) verwendet werden, ebenso lassen sich Rektum- und Vaginalspülungen durchführen.

Ozon (O_3) tötet Krankheitskeime ab

Wie schon in vorangegangenen Kapiteln dargelegt, hängt die Vitalität des Körpers von einer ausreichenden Sauerstoffversorgung ab. Wenn die Sauerstoffkonzentration im Gewebe nachläßt, breiten sich Krankheiten aus, denn pathogene Keime bevorzugen eine sauerstoffausgehungerte Umgebung. Ozon, eine chemische Verbindung aus drei Sauerstoffatomen, ist eines der effektivsten natürlichen Mittel, Krankheitskeime abzutöten; es macht alle Krankheitskeime unschädlich, tötet Viren, Bakterien, Hefe- und Schimmelpilze und hilft, die Luft von schädlichen Gasen, wie sie z. B. aus Baumaterialien und Möbeln entweichen, zu befreien.

Ozon hat eine extrem starke oxidierende Wirkung und tötet alle anaeroben (ohne Sauerstoff lebenden) Viren durch Oxidierung der Moleküle seiner lipidhaltigen Hülle, so daß sie ihre Ausbreitungsfähigkeit verlieren. Im Gegensatz zu gesunden menschlichen Zellen können parasitische Mikroben nicht in Anwesenheit von Sauerstoff leben. Seit den 80er Jahren wird daher in vielen Ländern Ozon zur Trinkwasseraufbereitung eingesetzt, mitunter auch schon in Kombination mit Wasserstoffperoxid und UV-Strahlung (kombinierte Oxidation). Gottschalk stellte bei einer Untersuchung am mit Atrazin kontaminierten

Berliner Leitungswasser fest, daß die Halbwertzeit für Atrazin bei der Verwendung von Ozon 41 Minuten betrug, während sie bei der kombinierten Oxidation auf 2,1 Minuten vermindert werden konnte. Es wäre zu überprüfen, inwieweit die Bewohner der Länder, die ihr Trinkwasser noch mit Chlor aufbereiten, eine höhere Rate an Immunmangelkrankheiten aufweisen.

In Deutschland und in vielen anderen Ländern wird auch in der Medizin die nahezu nebenwirkungsfreie Technik des Ozons seit mehr als einem halben Jahrhundert praktiziert. Zuerst wird dem Patienten dabei ein halber Liter Blut entnommen und nach der Anreicherung des Bluts mit Ozon wird das Gemisch dem Blutstrom wieder zugeführt. Dr. Josef Issels verwendet Ozon auch in der Krebstherapie. Die erhöhte Sauerstoffmenge im Blutstrom des Patienten trägt dazu bei, die Krebszellen zur Aufgabe zu zwingen, denn auch diese können sich in einer sauerstoffreichen Umgebung nicht vermehren. Sauerstoff läßt jedes Leben erblühen, ohne dieses lebensnotwendige Gas entstehen Krankheiten. Das Chlorophyll in allen grünen Pflanzen, das in besonders großer Menge in Weizen- und Gerstengras, Wildkräutern, Chlorella und Spirulina vorkommt, transportiert Sauerstoff und liefert uns Energie. Selbst ein saurer Apfel liefert 3 % Sauerstoff, worauf sich zum Teil der Spruch gründet: „An apple a day keeps the doctor away."

2. Entgiftung durch Befreiung von Stoffwechselschlacken

Selbstheilung durch körperentgiftende Maßnahmen

Unser Körper ist ein sich selbst heilender Organismus, vorausgesetzt man läßt ihn seine Arbeit tun und stopft ihn nicht bei jeder kleinsten Unpäßlichkeit mit Chemikalien voll. Nicht wenige von uns sind schon so verseucht, daß auch der ausgeklügelte Selbstheilungsmechanismus keine Chance mehr hat. Doch wenn wir die Ansammlungen an Hormonen, Antibiotika, Schwermetallen, Pestiziden und Konservierungschemikalien in unserem Körper, die wir mit der Milch, dem Fleisch und anderen Nahrungsmitteln sowie durch die Umwelt aufgenommen haben, unbeschadet abbauen wollen, müssen wir graduell vorgehen und nicht den Organismus mit einem plötzlichen Umweltgift-Stop schocken.

Das bedeutet, daß wir jeden Tag etwas weniger Fleisch essen, etwas weniger Milch trinken, dafür mehr organisches Obst, Gemüse und Salate zu uns nehmen, da diese Nahrungsmittel zu den natürlichen Entgiftern zählen. Wir sollten uns bewußt darüber werden, wo überall schädliche Stoffe vorzufinden sind, um diese immer mehr meiden zu können. So befindet sich in gelber und roter Farbe Kadmium, weshalb Geschirr in diesen Farben gemieden werden sollte. Aluminium ist in Kochtöpfen, Verpackungsmaterialien und in Medikamenten, die die Magensäure neutralisieren (Antazida), enthalten, Giftgase in Baumaterialien und Reinigungsmitteln, Dioxin im Papier, sofern es sich nicht um Umweltpapier handelt.

Im ersten Jahr in Los Angeles, von der überschwappenden Gesundheitswelle erfaßt, wollte ich es besonders gut machen und stellte den Fleisch- und Kaffeekonsum von einem auf den anderen Tag ein. Dem Smog die Schuld in die Schuhe schiebend, kam mir nicht in den Sinn, die daraufhin folgenden Depressionen und Hautausschläge mit Entzugserscheinungen in Verbindung zu bringen. Graduelles Abgewöhnen bedeutet, daß man vom gewohnten Quantum eines Suchtmittels jeden Tag ein bißchen weniger zu sich nimmt.

Jeden Tag ein bißchen besser ...

Wer daran gewöhnt ist, täglich eine Tafel Schokolade zu essen, kann jeden Tag ein Stückchen abbrechen, im Kühlschrank aufbewahren und die um ein Stück reduzierte Schokolade genießen; wer ein Päckchen Zigaretten raucht, nimmt eine Woche lang eine Zigarette aus der Pakkung und raucht die verbliebenen 19, die nächste Woche dann nur noch 18 usw. Beim Abgewöhnen des Kaffees sollte die Reduzierung vierteltassenweise, halb-, dreiviertel- bis tassenweise vor sich gehen. Es gibt allerdings Menschen, für die eine Tasse Kaffee am Morgen oder am frühen Nachmittag zuträglicher ist, als ganz darauf zu verzichten. In diesem Fall wäre es ratsam, biologisch angebaute Sorten zu verwenden. Denn besonders Kaffee und Tee enthalten sehr viele giftige Pestizidrückstände.

Michio Kushi, der berühmte Makrobiotiker, empfiehlt für das Ausscheiden von Schwermetallen den Verzehr der fermentierten Sojabohnenmasse Miso, und Meerespflanzen (Arame, Dulce, Wakame und Kelp) sowie für das Ausscheiden tierischer Fette den Verzehr von Rettich oder Radieschen. In seinem Buch „Cancer and Heart Disease: The Macrobiotic Approach to Degenerative Disorders" berichtet er über die Erfahrungen mit Miso am Ende des zweiten Weltkrieges in einem Krankenhaus, eine Meile vom Abwurfort der Atombombe auf Nagasaki. Der Krankenhausleiter ließ dem gesamten Personal jeden Tag eine Misosuppe verabreichen. Das Ergebnis war, daß die Belegschaft nicht von den schweren Strahlenschäden heimgesucht wurde, wie sie die übrigen Bewohner von Nagasaki zu erleiden hatten. Wie ich in meinem Spirulina-Buch aufzeige, hat die einzigartige immunstärkende blaugrüne Alge ebenfalls eine schwermetall- und strahlenausscheidende Wirkung. Michio Kushi weist auch auf den Zusammenhang eines erhöhten Milchkonsums und dem Brustkrebs bei der Frau hin. Denn in überwiegend milchproduzierenden und -konsumierenden Ländern liegt die Brustkrebsrate bei 170 %, während in Japan so gut wie gar kein Brustkrebs bekannt ist. Japaner halten es in der Regel wie alle Säugetiere und trinken nach der Abstillphase keine Milch mehr.

Weitere erprobte Methoden der Körperentgiftung sind Saftfasten oder das Fasten mit Spirulina, außerdem Aerobic, Sauna, ansteigende Niacin (Vitamin B-3)-Gaben, die Gifte aus dem Fett freisetzen; dazu ungesättigte Fette, um das toxische Fett mit sauberem zu ersetzen. Bei der Sauna ist neben dem Konsum von reichlichen Mengen an Wasser auch Salz wichtig, um die durchs Schwitzen herbeigeführte Wasser- und Salzausscheidung auszugleichen.

Seitdem ich neuerdings täglich mehrere Stunden vor dem Computer sitze, denke ich immer wieder mal an die vielen Studien, die hervorheben, daß Menschen, die sogenanntem Elektro-Smog – schwache Abstrahlung aus Elektrogeräten und Leitungen – ausgesetzt sind, ein höheres Leukämierisiko haben. Seit Tschernobyl ist mir die **Leukämie-Prophylaxe Rote-Bete-Saft** bekannt. Es gibt sogar einige Ärzte, die Angehörigen von Leukämiekranken jeden Tag nur ein paar Schlückchen des blutbildenden Safts als Vorbeugemaßnahme empfehlen. Bei jeder Art von Bluterkrankung in der Familie kann diese natürliche Blutwäsche spätere Probleme verhindern.

Eine weitere Entgiftungsmaßnahme ist das **Ölschlürfen**, wobei dem Körper Gifte entzogen werden. Bei diesem einfachen von Dr. F. Karach vorgestellten Verfahren nimmt man am besten morgens vor dem Frühstück einen knappen Eßlöffel kaltgegepreßtes Sonnenblumenöl (es kann auch ein anderes pflanzliches, kalt gepreßtes Öl verwendet werden), bewegt es etwa 20 Minuten im Mund umher und spuckt es danach in die Toilette. Das Öl verwandelt sich im Mund in eine weiße, hochgiftige Flüssigkeit. Tests beweisen, daß diese Flüssigkeit große Mengen von Bakterien, verschiedene Krankheitserreger und andere schädliche Substanzen enthält, folglich müssen diese Gifte aus dem Körper und aus der Mundhöhle ausgeschieden worden sein. Während des Saugens und Schlürfens verstärkt sich die Stoffwechselaktivität, lockere Zähne und Zahnfleisch festigen sich und die Zähne werden weißer. Regelmäßiges Ölschlürfen erhöht die Widerstandskraft des Mund-Rachen-Raumes gegen Infektionen.

Ärzte wissen leider nur wenig über ernährungs- und umweltbedingte Erkrankungen, da sie in den Fakultäten der allopathischen Medizin nur am Rande gelehrt werden. Da die Allgemeinmediziner sich meist nur auf die Bekämpfung von Mikroorganismen (Viren, Bakterien, Parasiten) konzentrieren, erkennen viel zu wenige das Wesentliche: Jede Erkrankung deutet ein Bestreben des Körpers an, sich von durch Nahrung und Luft aufgenommenen Umweltgiften zu befreien. Der Körper verfügt über unterschiedliche Wege der Abfallbeseitigung (Darm, Blase, Lunge, Haut). Daher kann der traditionell geschulte Diagnostiker leicht der Illusion verfallen, Hunderte verschiedener Leiden zu erkennen, wo es sich de facto nur um ein einziges handelt: Vergiftung.

Wenn wir uns über den Sinn von Krankheit klar werden, können wir auch vernünftig darauf reagieren. Auch wenn die diversen Leiden unterschiedliche Namen haben, ist Krankheit in den meisten Fällen schlicht die Bemühung des Körpers, sich von Giften zu befreien. Die Natur hat uns perfekte Körper gegeben. Was wir damit machen, ist unsere Sache. Wer seinen „Tempel" vergiftet oder einräuchert, hat den Nachteil (und den haben leider oft auch die Passivraucher). Daß Tabak sogar zur Alzheimerschen Krankheit beitragen soll, mag den eingefleischten Raucher zwar nicht sonderlich schocken, aber vielleicht rüttelt ihn das Aufzählen einiger der mehr als 3000 in Zigaretten enthaltenen chemischen Substanzen auf, die im Körper unermeßliche Gefahren hervorrufen. Ein Versuch wäre es immerhin wert: Verzichten Sie, lieber Raucher, bitte künftig auf Ameisensäure, Ammoniak, Arsen, Blausäure, Formaldehyd, Kohlenmonoxid, Methanol (Methylalkohol), Nikotin, Phenol (Karbol),

Stickstoffoxide und Teer. Ihre Lunge und alle Zellen in Ihrem Körper werden es Ihnen danken.

Die süchtigmachende Substanz der Zigarette, das Nikotin, wird zum Abtöten von Parasitenwürmern in Tieren verwendet. Von der Medikation der eigenen Haustiere mit Tabak ist jedoch dringend abzuraten, denn kleinste Mengen Nikotin, oral verabreicht, wirken tödlich. Die Zigaretten einer einzigen Packung genügen, um einen Menschen zu töten, sofern dieser alle auf einmal inhalieren würde. Wenn man bedenkt, daß das Gas der Blausäure, das auch zur Vollstreckung der Todesstrafe verwendet wird, und das Methanol zu Sehstörungen bis zur Erblindung führen, fällt es nicht schwer, sich vorzustellen, daß sich im Laufe der Jahre diese Chemikalien im Körper akkumulieren und der Organismus irgendwann aufgibt. Dr. Paul Erlich vom Biologischen Institut der Stanford Universität legt dar, daß man fast eine halbe Million Tests durchführen müßte, um die negativen Wechselwirkungen der Tabak-Chemikalien mit den im Körper befindlichen Stoffen bestimmen zu können.

Als ich noch in der Hessenklinik in Erbach arbeitete, berichtete mir eine damalige Kollegin, wie sie beim Sezieren eines noch ganz jungen Mannes sah, daß dessen Lunge schon total schwarz war. Wir rauchten damals selber, trösteten uns jedoch mit dem Gedanken, daß sich die Lunge innerhalb von sieben Jahren völlig regeneriert und auch der Teer wieder ausgeschieden wird. Nur muß die Regeneration halt irgendwann mal beginnen. Damals war ich 20. Sieben Jahre später war ich die leidige Sucht los und hoffe, daß sich die Lunge der netten Arbeitskollegin mittlerweile auch regeneriert hat.

In Los Angeles ist das Loskommen von der Sucht zum Big Business avanciert. Im Werbe-Fernsehen bieten Anti-Sucht-Kliniken ihre Dienste jeden Tag aufs Neue an. Fast jeder ehemalige Raucher schwört auf eine andere Methode, sich für immer von dem Gift zu befreien. Die beschriebene Abzählmethode, bei der jede Woche eine Zigarette mehr aus der Packung genommen wird und bei der man sich in 19 Wochen von der Sucht befreien kann, mag ja für manchen Raucher zu umständlich sein, aber der graduelle Nikotinentzug ist der sinnvollste, da der Entzug ganz allmählich stattfindet, die sonst üblichen Entzugserscheinungen unterbleiben und die Rückfallquote geringer ist. Langjährige Raucher sollten sich vor abruptem Nikotinentzug ohne jegliche Hilfe vorsehen. Dies kann zu schwersten Depressionen und psychischen Störungen führen, bis hin zu Selbsttötung oder Gewaltaktionen gegen andere.

Ob Schokolade, Kaffee oder Nikotinsucht, der Vorteil des graduellen Entzugs liegt eindeutig darin, daß die dazu gehörende Portion Disziplin einem am Ende das Gefühl vermittelt, es letztendlich aus eigener Kraft geschafft zu haben.

Ich zeige Ihnen jetzt mehrere verschiedene Mittel und Wege auf, wie wir unsere „Schlackenhalden" abbauen können. Während dieser Entgiftungsphase ist es ratsam, Teebaumöl- oder Mineralbäder zu nehmen und, wie auch in allen anderen Phasen der Immunsystemregeneration, regelmäßig Spirulina zu konsumieren.

Heilfasten und Darmreinigung

Alle traditionellen Kulturen wenden das Fasten an, sei es aus religiösen und geistigen Beweggründen oder aus Anlässen, die der Gesundheit dienen.

Nicht zu essen, ist wohl die älteste allgemeine Heilmethode. Tiere hören auf zu fressen, wenn sie sich nicht wohl fühlen und auch Menschen fasten schon vom frühen Säuglingsalter an, wenn sie von Krankheitskeimen befallen sind. Aber auch wenn wir unserem Organismus, z. B. in der Weihnachtszeit, etwas zuviel zugemutet haben und es uns an Energie fehlt, haben wir durch das Fasten die Möglichkeit, uns in relativ kurzer Zeit von Toxinen zu befreien. Es gibt verschiedene Arten des Fastens. Ein reines Wasserfasten ist nicht anzuraten, da sich die im Körperfett angesammelten Gifte zu schnell lösen und zu konzentriert in die Blutbahn gelangen könnten. Die meisten Ernährungsexperten empfehlen daher das unbedenklichere Saft- oder Spirulinafasten, da es hierbei nicht zu Erschöpfungserscheinungen kommt. Ebenso sind Hungergefühle selten, denn wer dreimal 10 g Spirulinapulver in einem halben Liter Gemüsesud oder -saft zu sich nimmt, erhält jedesmal einen Energieschub, und durch die Expansionsfähigkeit der Alge ist der Magen rasch gefüllt.

Zum Saftfasten eignen sich ungesüßte Frucht- und Gemüsesäfte, die zur Hälfte mit Wasser vermischt getrunken werden. Dazwischen kann der Durst mit reichlich Wasser gelöscht werden. Die Länge des Saft- oder Spirulinafastens sollte jeder selbst bestimmen. Bei letzterem gibt es keine Grenze nach oben. Der japanische Philosoph Toru Matsui, den Christopher Hills in seinem Buch „The Secrets of Spirulina" vorstellte, lebte damals 85jährig schon 15 Jahre von mit seinem eigenen Dünger gezüchteten Spirulina, ohne irgendwelche Zeichen von Mangelernährung aufzuweisen.

Während der ersten Fastentage werden Einläufe oder die Einnahme von Glaubersalz empfohlen, damit Giftstoffe nicht im Darm verbleiben und reabsorbiert werden können. Fast so wirkungsvoll wie ein Einlauf kann auch ein Rohkosttag das Fasten vorbereiten. Eine weitere angenehme Art der Darmreinigung kann mit einem Flohsamenschalengetränk erreicht werden. Dazu werden 1 bis 2 Eßlöffel Flohsamenschalen (siehe „Adressen und Bezugsquellen") mit 1/4 Liter ungesüßtem Apfelsaft, zur Hälfte mit Wasser verdünnt, angerührt. Man kann den Saft mit Weizen- oder Gerstengras anreichern und mit Ingwerpulver abschmecken. Wegen der schnellen Quellfähigkeit sollte er rasch getrunken werden.

Eine weitere gute Möglichkeit, den Darm von alten Schlackenkrusten zu befreien, ist der Verzehr von „Papayakraut" (siehe Kapitel „Papaya hilft dem Magen und dem Darm") und von 30 bis 50 der dunkelgrünen bis schwarzen Papayakerne, die zerkaut mit viel Wasser hinuntergespült werden. Wer die Möglichkeit hat, sollte während des Fastens in die Sauna gehen. Ausgedehnte Spaziergänge, Wasser- oder Tautreten, Schwimmen, Radfahren, Aerobic und andere Aktivitäten an der frischen Luft sind geeignete begleitende Maßnahmen beim Fasten.

Wenn sich Säurekristalle lösen, können leichte Kopfschmerzen oder Stechen in Fingern und Zehen auftreten. Etwas frischen Zitronensaft in Wasser mit einer Prise Cayenne-Pfeffer und 1 Teelöffel Honig oder ein halber Teelöffel Natron in einem Glas Wasser aufgelöst getrunken, kann Abhilfe schaffen. Meist kommen diese Entgiftungssymptome, wie auch Bauchweh, belegte Zunge und schlechter Atem am 2. oder 3. Tag vor und verschwinden gewöhnlich am 4. oder 5. Tag. Das Fasten sollte beendet werden, sobald man Entzug, Schwäche und Leere fühlt. Beim Abbrechen des Fastens ist es besonders wichtig, nicht gleich mit fester Kost zu beginnen, da sich der Darm erst langsam wieder an Fett, Eiweiß und Stärke gewöhnen muß. Sichere Zeichen der erfolgreich vollzogenen Körperreinigung sind eine rosa Zunge ohne Belag und strahlende Augen.

Auch nach dem Fasten kann durch das Konsumieren von darmreinigenden bzw. abführenden Speisen, wie Sauerkraut, Krautsalat, Ananas und Papaya und mit Säften, wie frischer Apfel-, Pflaumen- und Feigensaft, die Neuverschlackung weitgehend verhindert werden. Weitere mild abführende bzw. stimulierende Mittel sind Aloe vera, Süßholz, Cayenne, Ingwer, Agar-Agar und Leinsamen.

Ein Einlauf unterstützt die Entgiftung

Wenn darmanregende Mittel wie Flohsamenschalen, Papayagranulat, Rizinusöl, hohe Vitamin-C-Gaben (3 bis 5 g), Bauchmassagen oder Blasebalgatmung (siehe Kapitel „Reine Luft und Sonne sind für uns lebensnotwendig") und selbst Glaubersalz nicht zur gewünschten Darmentleerung führen, wird es dringend notwendig sein, dem Dickdarm bei seinen Ausscheidungsaufgaben etwas nachzuhelfen. Der gärende Abfall muß schnellstens aus dem Körper befördert werden, denn bei jedem Entschlackungsvorgang können Gase und Giftstoffe, wenn sie in die Blutbahn gelangen, Schwindelgefühle, Schweißausbrüche, Ziehen in Gelenken und Muskeln sowie starke

Kopfschmerzen auslösen. Das Einführen des Wundermittels Wasser durch das Rektum schafft rasche Abhilfe.

Am einfachsten ist ein Einlauf mit dem Einlaufbeutel. Das Reise-Irrigator-Set (siehe „Adressen und Bezugsquellen") läßt sich durch das dünne lange Darmrohr gut anwenden. Es besteht aus einem 2-Liter-Kunststoffbeutel, einem transparenten Schlauch mit Abstellhahn und einem 30 cm langen Darmrohr. Der Beutel wird am besten im Bad nicht zu hoch aufgehängt, damit die Flüssigkeit langsam genug in den Darm einlaufen kann. Je niedriger der Beutel hängt, desto geringer ist der Einlaufdruck im Darm. Das Einlaufwasser sollte etwa körperwarm sein. Ein träger Darm wird allerdings besser durch etwas kälteres (lauwarmes) Wasser stimuliert.

Balch und Balch empfehlen einen Einlauf mit Zitronensaft, um den Dickdarm von Kotresten und anderen Verunreinigungen zu reinigen und den gesamten Dickdarm zu entgiften. Dieser Einlauf sorgt für einen ausgeglichenen Ph-Wert im Colon und hilft gegen Verstopfung. Der Saft von drei Zitronen wird mit 1 1/2 Liter lauwarmem Wasser vermischt und in den Einlaufbeutel gefüllt. Der Teil des Darmrohres, der in den Enddarm eingeführt wird, kann mit Aloe-vera-Gel, Vitamin E aus der Kapsel oder einem guten Körperöl gleitfähig gemacht werden. Die beste Position für den Einlauf ist: Kopf nach unten, Hinterteil nach oben.

Wenn man zwei Schaumstoffquader von etwa 80 x 60 x 20 kauft (eventuell kann ein alter Klappsessel verwendet werden) und davon einen diagonal mit einem langen Sägemesser durchschneidet, kann das eine Teil auf den ganzen Quader, das andere mit der dicken Seite ihm angrenzend auf den Boden gelegt werden und schon hat man einen bequemen Untersatz zur Schräglage geschaffen. Täglich einige Minuten mit dem Kopf nach unten liegen, fördert insgesamt die Gesundheit. Die Schräglage empfiehlt sich jeweils etwa eine Viertelstunde am Nachmittag und vor dem Schlafengehen für Personen, die häufig unter Nasenebenhöhlenentzündungen leiden, schlechte Augen, Haarausfall, Kopfekzeme oder

Probleme mit den Ohren und dem Herzen haben, die sich schwach und schwindlig fühlen und ihrem guten Gedächtnis nachtrauern.

Nachdem das Darmrohr ca. 20 cm in den Mastdarm eingeführt ist, kann der Hahn geöffnet werden. Falls das Wasser zu schnell einfließt, sollte der Beutel niedriger hängen. Während des Einfließens kann es von Vorteil sein, von der linken Leiste ausgehend, zum Brustbein aufsteigend den Darm zu massieren, damit das Wasser möglichst weit in den Dickdarm gelangt. Je länger das Wasser im Darm gehalten wird, desto besser lösen sich die Kotreste von den Darmwänden. Zunächst auf dem Rücken liegend, rollt man schließlich auf die linke Seite und massiert den Dickdarm, nun auf der rechten Seite beginnend, quer über den Bauch zur linken Seite hinunter. Treten während dieser Prozedur Schmerzen auf, sollte sie sofort abgebrochen werden. Ansonsten versuchen Sie die Lösung 3 bis 4 Minuten zu halten. Je öfter ein solcher Einlauf durchgeführt wird, desto leichter kann das Wasser gehalten werden.

Bei Zitrusallergien kann der Einlauf mit 1/2 Glas Weizengras- oder Knoblauchsaft durchgeführt werden oder auch nur mit Wasser. Bei starken Blähungen oder Entzündungen kann dem Wasser Leinsamensud hinzugefügt werden.

Zur Stimulierung der Leber und Gallenblase empfiehlt sich der Kaffeespeichereinlauf. Dieser ist im Gegensatz zum getrunkenen Kaffee dem Körper äußerst zuträglich. Er regt die Leber an, Gifte zu lösen und ist besonders bei schwachem Gallenfluß (heller Stuhl) angezeigt. Auch während des Fastens ist dieser Einlauf besonders hilfreich, indem er die durch gelöste Gifte entstehenden Kopfschmerzen mildert. In einem Topf wird etwas mehr als 1/2 Liter mineralstoffarmes Wasser mit drei gehäuften Eßlöffeln Kaffee (nicht löslich oder entkoffeiniert) 15 Minuten lang gekocht. Nachdem die Lösung etwas abgekühlt ist, abseihen. Die Irrigation wird wie oben durchgeführt, jedoch liegt man nach dem Einlaufen der Flüssigkeit nur auf der rechten Seite und behält die Lösung 15 Minuten lang im Darm.

Der therapeutische Anwendungsbereich von Einläufen beinhaltet außer der Dickdarmreinigung die Aktivierung der Nierentätigkeit, die Stimulierung der Leber, Fiebersenkung, Linderung von Menstruationsschmerzen, Entzündungen im Bauchbereich und Blasenentzündung.

Sauna oder Dampfbad helfen bei der Entgiftung

Jede Entgiftung wird durch einen Saunagang noch verstärkt, indem künstliches Fieber erzeugt wird. Dadurch werden Kreislauf und Zellstoffwechsel angeregt und innere Abfallprodukte mit dem vermehrt auftretenden Schweiß ausgeschieden. Eine Dampfsauna, zweimal pro Woche, öffnet die Poren, und während des Ausscheidungsprozesses können durch das permanente Abrubbeln der abgestorbenen Haut noch mehr Poren geöffnet werden.

Immunsystemgeschwächte Personen sollten vor allem darauf achten, daß die Sauna sauber ist und sie sich möglichst allein darin aufhalten können. Um Fußpilzinfektionen zu vermeiden, ist das Tragen von Gummischuhen angezeigt. Während des Saunaganges sollte viel mineralstoffarmes Wasser getrunken werden. Durch die vorherige Einnahme von Niacin, das die Blutgefäße öffnet, kann der Ausscheidungsprozeß noch verstärkt werden. Dr. Edward Press, Professor an der Health Science University School of Medicine, warnt davor, die Lufttemperatur in der Sauna 80 Grad Celsius und die Wassertemperatur im Whirlpool 40 Grad Celsius übersteigen zu lassen. Personen mit Bluthochdruck und Herzbeschwerden sowie Alkoholiker und Kokainschnüffler, besonders aber Diabetiker und Epileptiker seien ansonsten gefährdet.

Am Ende jedes Saunaganges sollte mit lauwarmem bis kaltem Wasser, je nach Verträglichkeit, geduscht und mit einem rauhen Frottee-Handtuch der ganze Körper abgetrocknet werden.

Ayurvedische Reinigungsverfahren als wertvoller Balsam für die Seele

Die ayurvedische Therapie sieht vor jeder medikamentösen Behandlung erst einmal eine Reinigung des Körpers vor, die ihn von Stoffwechselgiften und Schlackeablagerungen befreien soll.

Die morgendliche **Ganzkörpermassage** mit pflanzlichen Ölen ist Balsam für die Seele und hat einen positiven Einfluß auf Muskulatur, Nervensystem und Kreislauf. Über die Reflexzonen regt sie die inneren Organe und die Hormonproduktion an. Sesam-, Oliven- oder Mandelöl eignen sich für diese regenerierende Massage.

Ganzkörpermassage

Mit streichenden bzw. kreisenden Bewegungen wird auf der Kopfhaut begonnen; die Ohren und dahinter sanft auf- und abmassieren; die Stirn quer ausstreichen, die Schläfen kreisend, die Nasenflügel auf- und ab massieren; das Kinn quer in eine Richtung ausstreichen; den Nacken sanft auf- und abmassieren, den Hals nur von unten nach oben streichen; Schulter-, Ellbogen- und Handgelenke kreisend, Ober- und Unterarme mit Längsstrichen behandeln; die Finger einzeln an der Wurzel umfassen und sanft ziehend bis zur Spitze ausstreichen; die Brust kreisend, den Bauch mit der flachen Hand im Uhrzeigersinn kreisend massieren; den Rücken und das Gesäß auf- und abstreichen; Ober- und Unterschenkel kräftig von oben nach unten streichen, Knie- und Knöchelgelenke mit kreisenden Bewegungen massieren; die Füße werden besonders gut durchgearbeitet, einmal zur Anregung der Reflexzonen, die in Verbindung mit den inneren Organen stehen, zum anderen, um die sich in den Füßen bildenden Ablagerungen aufzulösen. Die Ferse wird kräftig mit dem Handballen geknetet, der Fußrücken gerieben, entlang der Achillessehne auf- und abgestrichen. Die Zehen und die Zwischenräume werden einzeln mit den Fingern massiert, dabei kann jeder einzelne Zeh z.B. leicht durchgeschüttelt werden; zum Abschluß Fußsohle und -rücken noch einmal kräftig kneten.

Die kreislauf- und stoffwechselanregende trockene Reibemassage wird mit Handschuhen aus Rohseide (in medizinischen Fachgeschäften erhältlich oder selbst anfertigen) durchgeführt und ist besonders morgens zu empfehlen. Auch hier werden die Gelenke kreisend massiert, Arme und Beine ausgestrichen. 10 oder 20 Striche je Körperregion genügen für den Anfang.

Trockene Reibemassage

Begonnen wird mit dem Nacken und dann wird vom oberen Rücken aus hinunter gestrichen. Die Brust wird quer in kräftigen Streichbewegungen behandelt, wobei Brüste und Herzbereich ausgespart bleiben. Der Bauch wird kreuz und quer mit kräftigen Strichen, die Hüfte in kreisenden Bewegungen massiert.

Die Bauchmassage kann zu jeder Zeit durchgeführt werden. Sie regt die Peristaltik (Muskelbewegung) der Verdauungsorgane an und fördert dadurch die Verdauung. Sie soll auch bei Blasenschwäche, chronischen Rückenschmerzen, schwachen Nerven und Schlaflosigkeit helfen und wird von Fronius-Gaier daher besonders vor dem Zubettgehen empfohlen. Die Bauchmassage kann im Bett durchgeführt werden, es sollte jedoch ein Badetuch untergelegt werden. Benötigt werden zwei Frottiertücher, eine kleine Schale „gereiftes“ Sesamöl und eine Schüssel heißes Wasser.

Bauchmassage

Mit etwas Öl auf der Hand wird der Bauch mit sanftem Druck und Kreisbewegungen im Uhrzeigersinn massiert. Danach wird ein Tuch ins heiße Wasser eingetaucht, ausgewrungen, auf den Bauch gelegt und so lange es angenehm wärmt darauf belassen, eventuell noch einmal wiederholen. Danach mit dem trockenen Tuch den Bauch abtrocknen und noch eine Weile entspannt liegen.

Eine regelmäßige **Mundspülung** kräftigt nicht nur das Zahnfleisch, sondern erhöht auch die Widerstandskraft gegen Infektionen des Mund-Rachenraumes. Sie wird wie das bereits beschriebene Ölschlürfen mit Sesamöl durchgeführt. Allerdings genügt hier ein 2- bis 3minütiges Saugen und Gurgeln. Bei belegter Zunge empfiehlt sich eine Zungenreinigung, da die warzenähnlichen Erhebungen (Papillen) und die Geschmacksnerven auf der Zunge das Aroma der Speisen sonst nicht richtig wahrnehmen können. Die Folge ist eine verringerte Speichelproduktion, die zu einer mangelhaften Verdauung führt. Zur Reinigung wird mit der Kante eines Löffels die Zunge sanft von allen Seiten her abgeschabt. Bei stark belegter Zunge fühlt man sich hinterher besonders erfrischt.

Die **Nasendusche** beugt Schnupfen und Stirnhöhlenkatarrhen vor und lindert selbst bei einer bestehenden Sinusitis die Beschwerden. Ein gestrichener Teelöffel Salz wird in einer Schale mit abgekochtem, lauwarmem Wasser aufgelöst. Die Nasenflügel werden in das Wasser eingetaucht und mit der Stimmritze im hinteren Schlund werden kleine Pumpbewegungen durchgeführt, bis der Salzgeschmack in der Kehle wahrnehmbar wird. Es soll dabei nur Wasser und keine Luft in die Nase gelangen. Atem anhalten, Wasser aus der Nase abfließen lassen. Vorgang dreimal wiederholen, danach mit hängendem Kopf ein paarmal kräftig ausatmen, dabei abwechselnd ein Nasenloch zudrücken.

Ein weiteres wirksames ayurvedisches Reinigungsverfahren ist die **Heißwasser-Trinkkur**, die gegen Aufstoßen, Blähungen, Völlegefühl, Verstopfung und Juckzeiz hilft, die Hautdurchblutung verbessert, Gelenkschmerzen lindert und bei Fastenkuren Hungergefühle und Mattigkeit beseitigt. Etwa 1/2 Liter nicht chloriertes Wasser etwa 10 Minuten kochen und in eine Thermosflasche geben. Alle halbe Stunde 2 bis 3 Schluck davon trinken.

Eine besonders intensive Reinigungsmethode, um sich von Schlakkenstoffen und Stoffwechselgiften zu befreien, ist die **Reisschleimkur**, bei der drei Tage lang dreimal täglich eine Reissuppe gegessen und zwischendurch reichlich heißes Wasser getrunken wird. Ausgiebige

Spaziergänge an der frischen Luft werden empfohlen. Am 4. Tag gibt es einen Eßlöffel Rizinusöl, das mit einer halben Tasse Wasser, zwei Teelöffeln Zitronensaft, etwas Salz und Ingwer vermischt eingenommen wird. Diese Mischung soll die Giftstoffe über den Darm ausscheiden. Nach dem Abführen gibt es wieder eine Reisschleimsuppe, die folgendermaßen zubereitet wird: zwei Eßlöffel Basmatireis mit zwei Eßlöffeln Mungobohnen und einem halben Liter Wasser eine Stunde lang köcheln lassen, mit etwas Salz und Ingwer abschmecken.

Das Reinigungsverfahren der Seneca-Indianer

Hanna Kroeger, bekannt als „Großmutter der Gesundheit", widmete mehr als ein halbes Jahrhundert der Lehre von der natürlichen Gesundheit. Die Seneca-Indianer (Irokesen) haben ihr diesen stammeseigenen Diätplan zur Reinigung des Körpers und zur Vorbeugung von Arteriosklerose zukommen lassen:

Diätplan der Seneca-Indianer

1. Tag: Esse nur Obst, soviel du willst. Probiere Äpfel, Beeren, Wassermelonen, Birnen, Pfirsiche, Kirschen, ganze Zitrusfrüchte usw. Keine Bananen.

2. Tag: Trinke Kräutertees nach Belieben, wie Brombeeren, Hagebutten, Kamille oder Pfefferminze. Der Tee darf mit etwas Honig oder Ahornsirup gesüßt werden.

3. Tag: Esse Gemüse nach Belieben, roh, gedämpft oder beides.

4. Tag: Bereite einen großen Topf mit Gemüsebrühe zu, indem du Blumenkohl, Weißkraut, Zwiebeln, grüne Paprika und Petersilie kochst oder was gerade verfügbar ist. Würze mit Meersalz oder Gemüsebrühwürfel. Trinke den ganzen Tag nur diese mineralstoffreiche Brühe.

Diese Diät soll dahingehend wirken, daß am ersten Tag der Dickdarm, unser innerer Abfalleimer, gereinigt wird, am zweiten Tag alle Gifte, Salze und überschüssige Calciumablagerungen von den Muskeln, Geweben und Organen gelöst werden, am dritten Tag der Verdauungstrakt mit einer gesunden mineralstoffreichen Nahrungsmenge versorgt wird und am vierten Tag Blut, Lymphe und innere Organe mineralisiert werden. Diese sinnvolle Kur, mit der in sehr kurzer Zeit eine Entgiftung und Verbesserung der Sauerstoffversorgung des Blutes erreicht wird, kann durch körperliche Aktivitäten an der frischen Luft und Wasserbehandlungen wie Lymphreinigungsbäder natürlich noch erheblich bereichert werden. Wer dieses Ausscheidungs- und Revitalisierungsprogramm einmal monatlich durchführt – z. B. am letzten Wochenende jeden Monats – braucht keine Angst vor den drei gefürchteten As (Alzheimer, Arteriosklerose, Apoplexie = Schlaganfall) zu haben.

Ausleitung von Amalgam und anderen Schwermetallen

Von den Deutschen mittleren Alters haben 90 % Amalgamfüllungen, daneben oft auch noch andere Metall-Legierungen. Amalgam-Zahnfüllungen bestehen aus 53 % Quecksilber, Silber, Zinn und Kupfer, alles giftige Metalle. Das Schwermetall Zinn ist sogar als hochgiftig klassifiziert. Bei chronischen Vergiftungen durch das Nervengift Quecksilber kann es zum Zittern der Hände, zu Gedächtnisschwäche bis hin zur völligen Verblödung kommen. Auch die Aufnahme kleinster Mengen dieser Quecksilberverbindungen über einen längeren Zeitraum kann gefährlich werden.

Infolge ständig zunehmender Vergiftungsfälle und Allergien bei Zahnmetallträgern haben diese Materialien heftige öffentliche Debatten ausgelöst. Oft kommen schwerkranke Menschen nur durch Zufall auf die Ursache ihres Leidens, nämlich giftige Amalgamfüllungen, aus denen fortgesetzt Spuren des hochtoxischen Schwermetalls Quecksilber in ihren Organismus gelangen. Man weiß, daß immer nach dem Essen für zwei Stunden der Quecksilberspiegel hochgeht. Dr. Dietrich Klinghard, der im Alter von 27 Jahren, zwei

Wochen nach dem Herausbohren seiner Amalgamfüllungen (wobei er zuviel des Giftes eingeatmet hat), fast an einem beidseitigen Nierenversagen gestorben wäre, berichtete kürzlich in einem Vortrag von einer Studie über Morbus Alzheimer:

Das Gehirn von Menschen, die etwa im gleichen Alter verstorben waren, eine Gruppe an Alzheimer, eine an anderen Erkrankungen, wurde auf Metalle untersucht. Bis auf Quecksilber waren alle Metalle gleich: Kupfer, Zink und sogar Aluminium, von dem man glaubte, es sei einer der Verursacher der Alzheimerschen Krankheit. Quecksilber war in der Alzheimergruppe viermal so hoch. Eingeatmetes Quecksilber wird zu 82 % absorbiert und im Nervensystem abgelagert; daher ist besondere Vorsicht bei der Zerstörung eines Thermometers geboten. Das mit der Nahrung aufgenommene Quecksilber wird nur zu ca. 7 % absorbiert. Der Rest ist so fest an die Inhaltsstoffe der Nahrung und den Stuhl gebunden, daß er wieder ausgeschieden wird. Viele Medikamente enthalten dieses stark giftige, bei Zimmertemperatur flüssige Metall. In vielen Bluthochdruckmitteln und in Impfstoffen, wie Tetanus, ist Quecksilber enthalten.

Wie Cadmium, Nickel und Aluminium tendiert auch Quecksilber dazu, sich im Gehirn, in den Nieren und im Immunsystem zu speichern, wo es ernsthaft die normalen Funktionen stören kann. Auf diese Zusammenhänge haben Gerstner und Huff während ihrer klinischen Arbeit schon 1977 hingewiesen. Die ersten Symptome einer Schwermetallvergiftung, wie Kopfschmerzen, allgemeine Schwäche, Muskelschmerzen, Zittern, Verdauungsprobleme, Verstopfung, Anämie verbunden mit blasser Hautfarbe, Schwindel und Koordinationsschwächen, sind unbestimmt oder werden mit anderen Gesundheitsproblemen verwechselt. Sogar schon mit einer leichten Schwermetallvergiftung fällt es schwer zu denken und sich zu konzentrieren, und je höher die Vergiftung, desto ernster werden die Symptome.

Jutta Altmann-Brewe empfiehlt in ihrem Buch „Zeitbombe Amalgam", sich bei starken Vergiftungen und bei Allergien 20 Minuten vor dem Herausbohren des Metalls eine DMPS-Spritze setzen zu lassen (DPMS = Dimercaptopropansulfonatsäure; im Handel als DMPS-Heyl-Injektionslösung zu 5 ml mit 250 mg pro Ampulle und Dimaval-Kapseln zum Einnehmen erhältlich). In leichteren Fällen genüge nach dem Eingriff das Mundspülen mit Natriumthiosulfat. Der Aufnahme heruntergeschluckter Amalgamteilchen könne durch Milchtrinken vor und nach dem Ausbohren entgegengewirkt werden. Dr. Max Daunderer, der den Dimaval-Test – ein anerkanntes Verfahren zum Nachweis von Schwermetallen – weiterentwickelt hat, empfiehlt bei leichten Vergiftungen die langsame Sanierung, bei schweren Vergiftungen die sofortige Sanierung und Gegengiftbehandlung. In jedem Fall sollten Patienten unbedingt auf die Verwendung von Sauerstoffmasken während der Behandlung bestehen, um zu vermeiden, daß der hochgiftige Quecksilberdampf, der beim Herausbohren des Amalgams entsteht, eingeatmet wird. Die Beratungsstelle Amalgamvergiftete e.V. fordert beim Ausbohren den Dreifach-Schutz:

1. Gegengift vorher und nachher. Vorher 1 Kapsel Dimaval, nach der Behandlung mit einer Ampulle Natriumthiosulfat 10 % (von Dr. Köhler Chemie) Mund spülen, Rest trinken.
2. Beim Herausbohren muß ein sogenannter Kofferdam (dünne Gummiabdeckung der Munschleimhäute, die nur einzelne Zähne frei läßt) angewendet werden.
3. Sauerstoff mit Nasenbrille.

Markus und Finck empfehlen während und nach der Entfernung die Chelatbildner Selen (hefefrei) und reichlich Vitamin C zu nehmen, um das Quecksilber auszuleiten.

Chelatbildner

Chelatbildner sind organische Verbindungen, die mit Metallen Chelate, besonders stabile Komplexe, bilden und bei Metallvergiftungen angewendet werden. So verbindet sich z. B. Selen mit Quecksilber zu einem Quecksilber-Selenid-Komplex, der für den Körper nicht schädlich ist.

Auch das in einem besonderen Verfahren hergestellte, therapeutisch verwendbare Germanium, das natürlich in Knoblauch, Zwiebeln und Ginseng enthalten ist, sorgt für die Ausscheidung von Quecksilber und Cadmium.

Dr. Klinghardt arbeitet mit natürlichen Ausleitungsmitteln. Er empfiehlt als ersten Schritt zwei Kräuterprodukte von der Firma Nestmann, Solidago-Tropfen für die Nieren und Hepatica-Tropfen für die Leber. Das Ausleiten dauert mindestens 1 bis 2 Jahre. Der zweite Schritt soll verhindern, daß das Quecksilber nicht rückresorbiert und über die Venen wieder zurück in die Leber transportiert wird. Aus diesem Grund gibt der Arzt hohe Dosen der Chlorellaalge, die Schwermetalle wie ein Schwamm absorbiert und sehr stark bindet.

Die dritte Stufe entgiftet das Nervensystem. Dazu benötigt man Korianderkraut, das gut gewaschen und im Mixer mit etwas Olivenöl und Salz zubereitet wird. Von dem Pesto nimmt man 1 bis 2 Eßlöffel dreimal täglich. Nach einer Woche sollte man immer zwei Tage Pause machen, um das System nicht zu überlasten.

Mehrere Untersuchungen deuten an, daß auch Spirulina eine positive Auswirkung auf Personen mit Schwermetallvergiftungen hat. Dabei waren es vor allem der wasserlösliche Teil der blaugrünen Mikroalge und das Phykozyan, die nachweislich Nierenvergiftungen durch Quecksilber unterdrücken konnten. Es wäre daher sinnvoll, diese preiswerten und nebenwirkungsfreien Nahrungsmittel regelmäßig zu verwenden. Dadurch können die ständig aus den Plomben austretenden Mikromengen von Quecksilber gebunden und auf natürliche Weise ausgeleitet werden. Selen- und zinkhaltige Kost (Spirulina, Fisch, Meeresgemüse, Geflügel, Hülsenfrüchte, Eier, Pilze und Vollkornprodukte) helfen ebenso bei der Ausscheidung von Quecksilber, und natürlich auch die bewährtesten Heiler der Natur, Getreidegräser und Wasser (siehe entsprechende Kapitel).

Lymphreinigung und Wirbelsäulenregeneration entgiften und machen frei

Unser Körper ist von magnetischem Strom durchdrungen, der die Erde umspannt und umfließt. Wenn wir für ausreichend frische Luft und Bewegung sorgen bewegt sich unser Leib im elektromagnetischen Feld wie eine Antenne und verwandelt sich in einen elektrischen Generator, der mechanische und elektrische Energie umwandelt und die aus dem Kosmos kommende Energie dirigiert. Durch kräftiges Atmen wird das Blut mit Sauerstoff angereichert, wodurch die roten Blutkörperchen negativ geladen werden. Wie zwei Magnete mit gleichem Pol stoßen sie sich dann gegenseitig ab. Dadurch klumpen sie nicht zusammen, das Blut bleibt flüssig und kann rasch jede Zelle des Körpers erreichen.

Gleichzeitig können die aus Eiweiß bestehenden Gifte durch das Lymphsystem ausgeschieden werden; bei ungenügender Sauerstoffzufuhr und Bewegungsmangel klumpen sie jedoch zusammen und können nicht durch die feinen Haargefäße (Kapillaren) dringen. Dr. Arthur Guyton betrachtet das Entfernen von Eiweißen durch unser lymphatisches System als eine absolut lebenswichtige Funktion, ohne die wir innerhalb von 24 Stunden sterben würden. Wir müssen daher das Lymphsystem aktivieren, damit es die toten Zellen und das Gift aus allen Organen und Körperteilen herausleiten kann. Nur so ist der Körper in der Lage, sich selbst reinigen und heilen zu können.

Johann Tikale, der frühere Vorsitzende des Forschungskreises für Geo-Hydro-Biologie in Igelsbach am Neckar, entwickelte ein wirkungsvolles System, um Krankheiten über Lymphreinigung und Wirbelsäulenregeneration zu heilen. Schon vor fast einem halben Jahrhundert stellte er fest, daß die Reinigung der Lymphe und die Regeneration der Wirbelsäule die Voraussetzung für die Heilung fast aller Erkrankungen ist. Der Organismus müsse nicht nur über die Lymphe entgiftet, sondern auch die Blockaden – die Traumata des Körpers – die sich in der Wirbelsäule manifestieren, aufgelöst werden. Durch sein Verfahren vermochte er, diese Blockaden zu beseitigen und dabei sogar abgenutzte, versteifte und von Orthopäden als unheilbar diagnostizierte Wirbelsäulen und Bandscheiben zu regenerieren.

Mit den im Forschungskreis verwendeten Geräten wurde ein Gleich- bzw. Wechselstrompotential produziert, welches die schon im Körper befindlichen Elektronen anregen soll, sich mit dem zum Einsatz gebrachten Potential in Übereinstimmung zu bewegen. Dabei beeinflußt das gebündelte magnetische Feld das Zellsystem in der Weise, daß ein Zellaustausch und damit die Regeneration der Zellen stattfinden kann. Dieses Modulieren hat laut Tikale die gleiche Wirkung auf unseren Organismus wie ein mit Mineralien angereichertes Bad. Das Igelsbacher Forschungsinstitut ist heute nicht mehr in der Lage, einer Vielzahl von Menschen mit degenerativen Erkrankungen zu helfen. Leider waren gewisse Interessensgruppen von einem so preiswerten Heilverfahren überhaupt nicht angetan. Doch glücklicherweise kann der einzelne selber etwas tun, um seine Lymphe zu reinigen und seine Wirbelsäule zu regenerieren. Denn, wie gerade erwähnt, geht Tikale davon aus, daß das Entstrahlen bzw. Entgiften auch vonstatten geht, wenn man ein Mineralbad nimmt oder in einem mineralstoffreichen Gewässer wie etwa im Schwarzen Meer badet. Die Modulationswirkung auf unseren Organismus soll die gleiche sein. Es findet eine Grundreinigung und Lymphentlastung des Körpers statt, wobei selbst genetische Belastung abgebaut werden kann.

Entgiften mit dem Mineralienbad

Für ein Mineralbad kann das im Handel erhältliche Salz des Schwarzen Meeres oder ein anderes ungebleichtes Meersalz verwendet werden. Wir können aber auch einen Kräuteraufguß herstellen, indem wir 4 bis 5 Eßlöffel mineralhaltige Kräuter wie Zinnkraut, Brennessel, Petersilie oder Himbeerstrauch (Blätter, Rinde, Wurzel) überbrühen und dem Badewasser zufügen. Laut Tikale soll die Dauer des Bades nicht länger als acht

Minuten sein, da ein längerer Aufenthalt im Wasser bedeute, daß man die gerade abgegebene Ladung wieder aufnimmt. Vor und während des Badens ist es sinnvoll, eine größere Menge Kräutertee oder Wasser zu sich zu nehmen, um die Strahlungsabgabe noch zu erhöhen. Sollten in der Folge sich lösende Säurekristalle Kopfschmerzen oder stechende Schmerzen in Fingern oder Zehen auslösen, kann ein halber Teelöffel Natron in einem Glas Wasser aufgelöst oder ein Glas Wasser mit 2 bis 3 Eßlöffeln Zitronensaft und etwas Cayenne-Pfeffer Abhilfe schaffen. Nach dem Bad entlastet ein kräftiges Dehnen und Strecken nach Katzenmanier die Wirbelsäule und führt zu einem angenehmen Wärmegefühl im Rücken.

Die „Fünf Tibeter" eignen sich auch zur Rückgratentlastung. Noch wirkungsvoller ist der durch ruckartiges Hochheben gekennzeichnete „Tikale'sche Lupf", der wie folgt mit einem Partner durchgeführt werden kann:

Der „Tikale'sche Lupf"

Wenn der Heber nicht größer ist als der zu Hebende, stellt er sich auf eine Stufe oder einen Schemel. Nach mindestens dreimaligem Beugen und Strecken, wobei versucht wird, mit den Fingerspitzen den Boden zu erreichen, steht der zu Lupfende mit dem Rücken zum Lupfer und hält die Arme verschränkt in Brusthöhe vor sich. Der Heber faßt unter die Arme, ergreift die Unterarme der Person und hebt sie mit einem leichten Ruck hoch. Nach dem Absetzen, dem erneuten Beugen und Strecken und dem Einnehmen der gleichen Position wie zuvor, kreuzt der zu Hebende seine Hände hinter dem Kopf im Nackenbereich. Der Partner faßt unter den Armbeugen durch, kreuzt seine Hände über denen des zu Lupfenden und hebt wieder an.

Der erste Lupf dehnt die Lendenwirbel, der zweite die Brustwirbel. Wenn das Rückgrat entlastet ist, werden alle Organe besser mit Blut und dadurch mit Sauerstoff und Nährstoffen versorgt. Mit der Zeit werden wir dabei immer gelenkiger und biegsamer.

Die Lymphe wird aber auch durch tiefes Atmen, Hüpfen (am besten auf einem Trampolin) und Bürsten stimuliert. Eine einfache Übung nach Dr. C. Samuel West konzentriert sich auf das kräftige Atmen:

Lymphstimulierung

Führen Sie die Fingerspitzen jeder Hand zusammen, so daß ein Kegel geformt wird und bündeln Sie somit die Energie. Legen Sie beide Hände unter dem Schlüsselbein auf die Brust. Atmen Sie dreimal tief durch die Nase ein und durch den Mund aus. Halten Sie den dritten Atemzug an. Die so produzierte Energie wird das gesamte Lymphsystem aktivieren, aber auch die Gedanken magnetisieren. Daher denken Sie während Sie den Atem anhalten an ihre kranken oder schwachen Organe oder, wenn Sie den ganzen Körper reinigen wollen, der Reihe nach an alle Organe Ihres Körpers und denken Sie dabei: *„Alte Gifte raus, neue Fluide rein, alte Gifte raus, neue Fluide rein; wascht die Zellen, nährt die Zellen und reinigt die Zellen!"* Dann atmen Sie ruhig und tief weiter.

Soll ein Körperteil geheilt werden, wird die Übung während der ersten Stunde alle 10 Minuten, in der zweiten alle 15 Minuten und den Rest des Tages alle halbe Stunde wiederholt. Auch wenn die Heilung eingetreten ist, ist es notwendig, die Übung noch 2 bis 3 Monate lang zwei- bis dreimal täglich durchzuführen.

Weitere Maßnahmen zur Lymphsystemreinigung sind 100 oder mehr Armschwünge über den Kopf bis hinter den Rücken sowie das sanfte Ausstreichen der Lymphknoten und die „Lymphwiege", die zu Halima Neumanns Entsäuerungsübungen zählt: Dabei legt man sich auf den Bauch, bildet Fäuste und schiebt diese jeweils unter die rechte und linke Leistenbeuge. Die Hüfte wird hin- und hergewiegt, wobei die Fäuste leicht die Lymphknoten der Leistengegend massieren.

Für die Blut- und Lymphgefäßreinigung bewährt sich viermal täglich 1/8 Liter Weizen-/Gerstengrassaft mit der Zugabe von je 1/2 Liter Quellwasser. Dr. Richard Schulze empfiehlt zur Lymphsystemreinigung Ganzkörper-Bürstenmassagen, abwechselnd heiße und kalte Duschen, Yoga oder andere Streckübungen sowie blut- und lymphreinigende Heilkräuter, wie Wiesenkleeblüten und Klettenwurzeln.

Bei jeder Art von natürlichen Heilmaßnahmen, wie Fasten, makrobiotische Ernährung, Spirulinakur, Darmsanierung, Eigenblut- oder Harntherapie, können auch bei der kurmäßigen Lymphreinigung und Wirbelsäulenentlastung alle unsere vergangenen Erkrankungen in Kurzform oder ansatzweise im Sinne des Heringschen Gesetzes als Reaktion auftreten. Der in den 30er Jahren des 18. Jahrhunderts in die USA emigrierte deutsche Homöopath Constantin Hering entdeckte dieses Gesetz, das jede natürliche Heilung lenkt: Dieses Gesetz über das Verschwinden der Symptome lautet: „Bei einer echten Heilung verschwinden die Symptome fortschreitend von oben nach unten (von Kopf nach Fuß, von innen nach außen – von lebenswichtigen Organen bis hin auf die Haut) und in der umgekehrten Reihenfolge ihres Auftretens."

Das heißt, wenn die Heilung beginnt, wird die zuletzt aufgetretene Gewebeschädigung zuerst korrigiert. Also keine Angst, wenn aufgrund der Reinigung unseres Organismus teilweise längst vergessene Beschwerden auftreten. Dies sind kurzfristige und ganz normale Reaktionen, wie laufende Nase, Halsschmerzen, Fieber, Schwitzen und Husten mit Auswurf. Durch den Abbau und die Ausscheidung von Giftstoffen und Schlacken wird die Ausscheidung bis zur endgültigen Reinigung des Organismus insgesamt verändert sein. Stuhl und Urin werden vermehrt ausgeschieden, riechen anders und sind anders gefärbt. Übelriechende Fette und Schweiß können vor allem aus der Kopfhaut und aus den Achseldrüsen austreten. Hautausschläge können am ganzen Körper auftreten. Die Zunge wird belegt, der Atemgeruch verändert sein. Seltener treten eitrige Geschwüre in der Region der Lymphgegend auf, etwa in der Achselhöhle unterhalb der Ohren oder in der Leistenbeuge. Die Lymphknoten sind häufig vorübergehend geschwollen. Oft fühlt man sich dabei müde und abgeschlagen und ist seelisch weniger belastbar. Dies kann sich in häufigem Weinen und heftigen Gefühlsäußerungen zeigen.

Leber- und Gallenblasenspülung

Wie im Kapitel „Wie funktioniert das Immunsystem?“ bereits erwähnt, nimmt die Leber eine wichtige Stellung im Immunsystem ein. Mit den unterschiedlichsten Faktoren greift dieses lebenswichtige und unersetzliche Organ überall in das Immungeschehen ein. Die Leber hat eine besonders hervorstechende Eigenschaft, nämlich die geniale Fähigkeit, sich vollkommen regenerieren zu können. Werden 80 % ihrer Zellen bei einem Unfall zerstört oder mit einer Operation entfernt, wächst das Organ wieder zu voller Größe heran.

Die Leber erfüllt mehrere Funktionen. Sie bildet Galle und scheidet diese aus, baut Blutplasmaeiweiße und Proteine des Komplementärsystems auf, verwertet die ihr zugeführten Aminosäuren und speichert Glykogen und Eiweiß sowie die Vitamine B-12 und A. Darüber hinaus bildet und verwertet die 1 1/2 kg schwere Drüse Cholesterin und sorgt für den Fettsäureabbau. Ihre Hauptfunktion besteht jedoch im Entgiften und Ausscheiden toxischer Stoffwechselprodukte und von außen zugeführter Gifte. Dabei nimmt sie die aus dem Blut zu entfernenden Substanzen auf, verändert ihre chemische Struktur, macht sie wasserlöslich und sondert sie in die Galle ab. Nach dem Abtransport aus der Leber wird die Galle einschließlich des „Giftmülls“ später mit dem Stuhl ausgeschieden.

Die Aufgabe der Entgiftungsfunktion wird der Leber immer mehr erschwert. Man muß nicht Kettenraucher sein, um sich eine „schwarze Leber“ zuzuziehen. Daher ist es empfehlenswert, einmal im Quartal die Leber und die Gallenblase gründlich durchzuspülen.

Die im folgenden beschriebene Leber- und Gallenblasenspülung wird nicht nur zum Ausschwemmen von Steinen und Grieß aus der Gallenblase und den Gallengängen angewendet, sie stellt auch eine intensive Verjüngungskur dar:

Leber- und Gallenspülung

Von Montag bis Samstagmittag trinkt man so viel Apfelsaft oder Apfelcidre wie möglich. Am besten frisch ausgepreßt oder doch wenigstens ohne chemische Zusätze. Am Samstag folgt drei Stunden nach einem normalen Mittagessen die Einnahme von 1 Eßlöffel Bittersalz (Magnesium sulforicum), aufgelöst in einem halben Glas warmem Wasser; zwei Stunden später nochmal die gleiche Menge des Bittersalzgemischs. Das Abendessen wird durch ein Zitrusgetränk ersetzt. Zur Bettzeit gibt es eine halbe Tasse kaltgeschlagenes Olivenöl, vermischt mit einer halben Tasse Zitronensaft (frisch und naturbelassen wenn möglich). Danach sofort zu Bett gehen und 30 Minuten mit angezogenen Beinen auf der rechten Seite liegen. Am nächsten Morgen eine Stunde vor dem Frühstück folgt noch einmal ein Bittersalztrunk. Falls am folgenden Tag eine größere Menge Gallensteine im Stuhl gefunden werden, sollte die Spülung zwei Wochen später wiederholt und der Fettkonsum reduziert werden.

Zur Leberreinigung eignet sich auch der Konsum von Weizen- oder Gerstengrassäften, Spirulina, Karotten, Chicorée, rote Beete (auch die Blätter), alle dunkelgrünen, am besten bittere Gemüsesorten, alle Arten von Rettich, 1 bis 2 Knoblauchzehen täglich, Wildkräuter wie Löwenzahn und Sauerampfer.

Viele holistisch orientierte Ärzte nehmen an, daß durch die Reinigung der Leber die Sucht nach bestimmten Genußmitteln nachläßt. In jedem Fall wird durch diese wichtige Selbstbehandlung die körpereigene Abwehr gestärkt. Die Leber kann wieder besser arbeiten, und wenn die Leber gut arbeitet, funktioniert gewöhnlich der ganze Körper besser.

3. Energiegewinn durch Anregung des zellulären Stoffwechsels

In dieser Phase geht es darum, den Körper zu energetisieren. Neben Spirulina und anderen „Enzymbomben", wie Papaya, Ananas, Wildkräuter und Getreidegräser (siehe entsprechende Kapitel), steht die Verabreichung von natürlichen kräftigenden Mitteln im Vordergrund.

Natürliche Energie-Tonika gegen Erschöpfung

Diese stärkenden Getränke eignen sich immer dann, wenn ein Energieschub gebraucht wird, vor oder nach körperlicher Anstrengung, wenn man sich erschöpft, grippig oder genervt fühlt.

Der „innere Heilsaft" enthält wichtige Stoffe

Auch wenn Sie es vielleicht nicht hören wollen, das natürlichste und offenbar gesündeste aller Elixiere ist unser ureigener Saft. Papyrustexte machen auf das „Wasser des Lebens" aufmerksam: „Das Wasser des Lebens ist euch gegeben, um es zu trinken und euren Leib damit zu waschen." Auch die Yogis wußten um das Wunder dieser heiligen Flüssigkeit. Gandhi trank während seiner Fastenzeiten täglich seinen Harn, um gesund zu bleiben und die Indianer nutzen ihn noch heute als Heilmittel. Und wieso auch nicht? Enthält er doch eine Fundgrube von für die Gesundheit wichtigen Inhaltsstoffen, wie Hormone, Aminosäuren, Vitamine, Mineralien und Enzyme.

Am Rockefeller Institut in New York konnten Larson A. Hanson und Eng M. Tan 1965 sogar Antikörper gegen Salmonellen, Diphtherie, Tetanus und Poliomyelitis im Urin nachweisen. Dies würde die Entstehung von Immunität also der erworbenen Immuntoleranz durch die Zuführung von Eigenharn erklären. Bei Diabetes mellitus, salzabhängigem Bluthochdruck und Nierenschwäche verbietet die indische Medizin jedoch diesen „Quell der Jugend", der kurweise oder vorbeugend getrunken werden kann. Bei Grippe bringt er rasche Erleichterung und selbst bei chronischen Krankheiten, wie Asthma, Rheuma, Krebs sowie anderen als unheilbar geltenden Leiden soll er wahre Wunderheilungen vollbringen. Verwendet wird der Mittelstrahl, morgens ist der Urin am gehaltvollsten. (Vgl. Abele und Herz 1994)

Das „Teufelszeug" belebt auch die Sinne

Der Name stammt von einer Freundin, die sich zu vorgerückter Stunde gern mal eben kurz für drei bis vier Minuten durch kurzes Wegnicken der Gesprächsrunde entzieht. In einem solchen Fall wirkt es natürlich besonders belebend. Es handelt sich um ein bewährtes Stärkungsmittel, das von dem namhaften amerikanischen Gesundheitspionier Paul C. Bragg als „Allheilmittel" gelobt wird.

Rezept für's Teufelszeug

Das „Teufelszeug" besteht aus einem Glas lauwarmem Wasser, in das 2 Eßlöffel Zitronensaft, 1 Teelöffel Honig (wahlweise) und eine Prise Cayennepfeffer gerührt wird. Dieses Mittel stärkt die körpereigenen Abwehrkräfte, wirkt entzündungswidrig und kann bei allen Beschwerden eingesetzt werden. Bragg heilte damit sogar Magengeschwüre. Dieses Tonikum eignet sich besonders gut zum Fasten. Übrigens soll Gandhi während seiner schon legendären Wanderung durch die indischen Dörfer wochenlang nichts gegessen und außer dem „inneren Heilsaft" nur dieses Getränk zu sich genommen haben.

Spirulina-Shake liefert Sonnenenergie

Dieser die Abwehrkräfte stärkende Energietrunk ist eine wahre Vitalstoff- und Proteinbombe.

Der Spirulinashake

Er besteht aus einer Banane, einem Apfel, 3 bis 4 Datteln oder Feigen und einem Eßlöffel Spirulinapulver. Alles zerkleinert mit 1 bis 2 Tassen Wasser im Mixer püriert. Die transformierte Sonnenenergie in Spirulina macht die blaugrüne Alge zu einer besonderen Kraftquelle. Auch Prof.

Popp und Dr. Niggli haben bei einer Untersuchung am Institut für Biophysik in Kaiserslautern festgestellt, daß Spirulina „einen natürlichen Sonnenspeicher par excellence" darstellt. Die Ernährung des Menschen besteht ja darin, die in pflanzlichen und tierischen Substanzen gespeicherten Sonnenphotonen aufzunehmen und zu verwerten, weshalb die Speicherfähigkeit dieser Lichtteilchen ein Maß für die Qualität der Nahrung sein muß.

Rejuvelac ist sofort verfügbar

Dieses leicht fermentierte Getränk wird durch das 24 Stunden lange Einweichen von Sprießkornweizen gewonnen. Im von Ann Wigmore gegründeten Hippocrates Health Center in Boston bekommen die Seminarteilnehmer täglich zirka einen Liter dieses Stärkungsmittels, das auch bei Verdauungsproblemen hilft. Rejuvelac stellt eine vorverdaute Nahrung dar, deren Aminosäuren und Kohlenhydrate in die Monosaccharide (Einfachzucker) Dextrin und Saccharin aufgespalten sind (Wigmore 1984). Diese Nährstoffe sind für den Körper sofort verfügbar. Bei Ann Wigmore habe ich drei verschiedene Zubereitungsarten gefunden, hier die einfachste:

So bereiten Sie Rejuvelac zu

1 Tasse Sprießkornweizen in 3 Tassen gefiltertem Wasser oder Quellwasser einweichen. (Er sollte aus organisch-biologischem Anbau stammen). Um Bakterien und Schimmelpilzen entgegenzuwirken, legt Ann Wigmore ein mit einem Gummiband zusammengehaltenes Bund Weizengras 5 Minuten lang zuvor in dieses Wasser; der Einfachheit halber kann man auch 1/2 Teelöffel ungebleichtes Meersalz hinzufügen. Dadurch wird das Tonikum auch noch mit zusätzlichen Mineralien versorgt. Nach 24 Stunden (der erste Ansatz kann aber auch noch einen Tag länger stehen) kann der erste mild schmeckende Rejuvelac abgegossen, im Kühlschrank aufbewahrt und während des Tages getrunken werden. Für den zweiten Ansatz werden die Weizenkörner ohne sie durchzuspülen wieder mit drei Tassen frischem Wasser übergossen –

Weizengras oder Salz nicht vergessen – wiederum 24 Stunden stehen lassen. Die Prozedur kann man noch ein drittes Mal wiederholen, dann werden die Weizenkeimlinge in den Bioabfall befördert.

Ei-Wei, der wohlschmeckende Krafttrunk

Ein anderer immunsystemstärkender Krafttrunk ist das berühmte mit Rotwein verrührte Eigelb, allerdings kann anstelle des Traubenzuckers auch Honig oder besser noch 1/4 Teelöffel Süßpulver verwendet werden. Dadurch wird zusätzlich die Interferonaktivität und die T-Zellproduktion angeregt (siehe Kapitel „Lakritze – süß und *in Maßen* gesund"). Das Eigelb sollte von einem gestempelten Freilandei stammen, denn nur, wenn die Hennen das Sonnenlicht genießen durften, sind ihre Eier uns als Lichtträger zuträglich. Das Ei darf jedoch nicht älter als maximal 14 Tage alt sein, da es sich bei dem Hühnerprodukt danach nicht mehr um ein „lebendes Mittel", handelt und die Lichtteilchen nicht mehr nachzuweisen sind.

Es gibt noch eine ganze Menge anderer natürlicher Tonika, wie etwa das Kombucha-Pilz-Getränk und den Bancha-Tee.

Enzymunterstützung – damit der Körper reibungslos funktioniert

Enzyme befinden sich in allen lebenden Pflanzen und Tieren und sind lebensnotwendig für ein normales Funktionieren aller Körperabläufe. Sie helfen bei der Verdauung der Nahrung, bei der Aufnahme der Nährstoffe ins Blut und beim Intakthalten der Zellen. Sie werden zur Kontrolle aller körperlichen und geistigen Funktionen benötigt, sind aber auch unentbehrlich im Immunsystem, um die Kommunikation zwischen den Abwehrzellen in geregeltem Maß ablaufen zu lassen. Außerdem unterstützen sie die körpereigene Abwehr im Kampf gegen Viren, wie etwa Grippe- oder Herpesviren, indem sie die Abwehrzellen anregen.

Enzyme herrschen über alle anderen Nährstoffe, dennoch kann ihre Arbeit ohne das Vorhandensein von anderen Substanzen, der Coenzyme, nicht reibungslos ablaufen. Coenzyme sind Mineralien, Vitamine und Proteine. Obwohl Enzyme in erster Linie Proteine sind, benötigen sie doch Aminosäuren (Proteinbausteine) für eine normale Funktion. Auch Hormone sind hauptsächlich Proteine und benötigen das Zusammenspiel mit Enzymen, um den Ablauf der Körperprozesse zu regulieren. Diese komplexen Proteinstrukturen werden vom Körper hergestellt.

Jede Körperzelle produziert die verschiedensten Enzyme und je nach Funktion finden sich unterschiedliche Enzymmuster. So gibt es beispielsweise unter den Leberenzymen einige, die Medikamente und andere Gifte verstoffwechseln oder abbauen können, und die Bauchspeicheldrüse produziert die Verdauungsenzyme Lipase, Protease und Amelase. Bei einer Funktionsstörung der Bauchspeicheldrüse, verbunden mit einer gestörten Aufnahme von Nährstoffen im Dünndarm, werden Enzyme verordnet. Das aus der Papayafrucht gewonnene Enzym Papain wird aber auch für Wund- und Geschwürverbände benutzt, da es abgestorbenes Gewebe und verklumptes Blut auflöst. Auf diese Weise werden Schwellungen und blaue Flecken reduziert.

Wir können Enzyme natürlich auch mit lebendiger Nahrung zu uns nehmen, wie nicht erhitztes Bio-Gemüse und -Obst, keimfähige Getreide- und Hülsenfrüchte sowie Grassäfte und vor allem Spirulina, die blaugrüne Alge mit ihren über 2000 Enzymen (vgl. Meyer 1998). Wird jeder Bissen von enzymreichen Lebensmitteln so lange durchgekaut, bis der Speisebrei flüssig ist und jeder Schluck der grünen Säfte im Mund hin und her bewegt, können viele dieser Biokatalysatoren schon durch die Mundschleimhäute ins Blut gelangen und ihre Aufgaben erfüllen.

Dr. Edward Howell, der amerikanische Biochemiker und Ernährungswissenschaftler, geht davon aus, daß jedem Individuum nur ein beschränkter Vorrat an Körperenzymenergie bei der Geburt mitgegeben ist. Wenn wir jung sind, fördert unsere normale Fähigkeit, Enzyme zu produzieren, ein schnelles Wachstum, und in den meisten Fällen verhindern sie ernsthafte Erkrankungen. Aber wenn wir altern, erschöpfen unsere körpereigenen Enzyme. Sofern wir diesen Verbrauch nicht durch eine vermehrte Zufuhr von Enzymen durch lebendige Nahrung aufhalten, werden unsere Verdauungs- und Ausscheidungsfähigkeiten schwächer. Dies kann zu akuten Gesundheitsproblemen, Fettsucht und chronischen Erkrankungen führen. Je schneller wir unseren Enzymvorrat aufbrauchen, desto kürzer ist unser Leben. Gekochte oder chemisch verarbeitete Nahrungsmittel, Alkohol und Medikamente entziehen dem Körper Enzyme.

Es ist daher wichtig, ausreichend rohes Obst und Gemüse sowie gekeimtes Getreide und Nüsse zu verzehren. Milch und Butter sind gewöhnlich pasteurisiert (die Hitze beim Pasteurisieren zerstört die Enzyme). Wenn wir unserem Körper Gekochtes zuführen, ist es am besten, vor der Mahlzeit eine halbe Papaya zu essen. Die Wirkung der Papaya als Enzymtherapie ist wissenschaftlich bestätigt (vgl. Barbara Simonsohn: „Papaya – Heilen mit der Wunderfrucht").

Sie können aber auch ein Enzymkonzentrat zu sich nehmen. Hier eignen sich, außer Spirulina, Saftpulver aus schonend getrockneten jungen Gemüsen und Gräsern (siehe „Adressen und Bezugsquellen"). Es handelt sich hier um hochwertige Frischpflanzenprodukte aus kontrolliert-biologischem Anbau aus mineralstoffreichen Hochgebirgsfeldern der Vereinigten Staaten. Ein Teelöffel des enzymreichen Pulvers wird 1/2 Stunde vor der Mahlzeit in einem Glas Wasser oder ungesüßtem Apfel- oder Rote-Bete-Saft aufgelöst getrunken. Das gleiche gilt natürlich auch für Spirulinapulver, das aber zuerst wie Mehl mit wenig Wasser angerührt werden muß, da es sich nicht so leicht auflöst. Spirulina kann als Proteinnahrung aber auch über alle mundwarmen Gerichte gestreut werden.

Außer durch häufigen und reichlichen Verzehr von Rohkost und die Einnahme der beschriebenen enzymreichen Nahrungsmittelzusätze, die bei keiner Mahlzeit fehlen sollten, ist es ratsam, ab dem

30. Lebensjahr dem Pankreasverschleiß auch noch mittels anderer Vorbeugemaßnahmen beizukommen.

Dafür können die Akupressurpunkte bei Bauchspeicheldrüsenerkrankungen zwei- bis dreimal täglich durch Fingerdruck stimuliert werden. Diese Maßnahmen regen die körpereigene Enzymproduktion an. Die Punkte werden, seitlich vom Grundgelenk desgroßen Zehs beginnend, mit dem Mittel- oder Zeigefinger bis zur Ferse und dann weiter aufwärts seitlich an der Innenseite des Unterschenkels bis zur Mitte der Wade gedrückt. Der letzte Punkt unterhalb der Kniescheibe wird mit dem Zeigefinger in der Vertiefung gerieben. Zusätzlich können auch noch die Reflexzonen beider Füße mit dem Daumen bearbeitet werden. Da Leber, Gallenblase und Magen im Wechselspiel mit der Bauchspeicheldrüse stehen, wäre es sinnvoll, auch diese Organe zu aktivieren. Massieren Sie am besten den gesamten mittleren Fußbereich zwischen Ballen und Ferse.

4. Zellreparatur zum Wiederaufbau des Immunsystems

Nachdem die opportunistischen Infektionen auskuriert sind, kommt es in dieser letzten Phase der Immunsystemregeneration nun besonders darauf an, die Produktion von weißen Blutkörperchen und Interferon zu stimulieren, so daß der Körper über genügend Energie verfügt, um sich selber heilen zu können.

Essentielle Fettsäuren haben eine wichtige Aufgabe

Der Körper benötigt essentielle Fettsäuren, wie die Linolsäure und die Linolensäure, da diese im Organismus nicht synthetisiert werden können und daher mit der Nahrung aufgenommen werden müssen. Kaltgepreßtes Leinöl ist eine exzellente Quelle dieser lebenswichtigen, zur Kategorie der Omega-3 zählenden, mehrfach ungesättigten Fettsäuren. Ein Mangel an essentiellen Fettsäuren, zu denen auch die

Eicosatriensäure (EPA = eicosapentaenoic acid) gehört, führt zu Gesundheitsproblemen. Lachs, Makrelen, Sardinen und andere Fische enthalten EPA.

Wozu werden die wertvollen Fette, die viele von uns dem Organismus in unzureichender Menge zuführen, gebraucht? Jede Zelle unseres Körpers ist mit einem schützenden, aus Fetten bestehenden flüssigen Überzug ausgestattet. Diese Fette stammen aus der Nahrung. Eine Zellhülle, die aus zu vielen erhitzten Fetten besteht wie sie in Fleisch und auch in der pasteurisierten Milch vorkommen, gilt als ungesund. Außer der Schutzfunktion haben Fette noch eine andere Aufgabe. Sie sorgen dafür, daß sich die Prostaglandine – hormonähnliche Substanzen, die die Entzündungsreaktionen im Körper regulieren – im Gleichgewicht befinden. Prostaglandine werden von essentiellen Fettsäuren, die wir zu uns nehmen, hergestellt. Leinöl und andere pflanzliche ungesättigte Öle und die essentiellen Fette wirken sich balancierend auf die Prostaglandinsynthese aus, während gesättigte Fette von Fleisch- und Milchprodukten Entzündungen fördern.

Wer also unter Entzündungen leidet, braucht es ja nur einmal auszuprobieren, tierische Fette wegzulassen und pflanzliche Fette zu sich zu nehmen. Doch Vorsicht vor gehärteter Margarine, denn durch das Härtungsverfahren mit Wasserstoffgas entstehen bei der Margarineherstellung aus den ungesättigten Ölen gesättigte Fette. Letztere können natürlich nicht, wie uns die Margarine-Industrie glauben lassen will, für den Körper gesund sein. Denn sie führen u. a. zu Ablagerungen in den Arterien (Arteriosklerose) und Herzerkrankungen.

Chlorella stärkt Drüsen, Organe und Gewebe

Bernard Jensen, einer der Pioniere der Ernährungswissenschaft, der dieser eßbaren grünen Mikroalge ein Buch gewidmet hat, zählt Chlorella zu den führenden Verjüngungsnährstoffen und Aphrodisiaka. Er empfiehlt die Einnahme von fünf Tabletten à 200 mg zu jeder Mahlzeit. Chlorella wird in Form von Tabletten, Kapseln, Granulat und Pulver angeboten. Da unsere RNS- und DNS-Produktion mit zunehmendem Alter abnimmt, läßt auch unsere Vitalität nach, Erkrankungen nehmen zu. Um den Alterungsprozeß aufzuhalten, empfehlen einige Wissenschaftler daher eine RNS- und DNS-reiche Ernährung. Chlorella enthält 9,8 % RNS, 2,8 % DNS und mehr als 2 % blutreinigendes Chlorophyll. Daher eignet sich diese Alge besonders für die letzte Phase der Immunsystemregeneration, die dem Aufbau und der Stärkung aller Organe, Drüsen und Geweben gilt.

Das Chlorophyll reinigt und entgiftet das Blut und die Lymphe, entgiftet die Leber und sorgt für den Aufbau der Darmflora. Die vitamin- und mineralstoffreiche Alge enthält 58 % Protein und eignet sich daher ebenso wie Spirulina für immungeschwächte Personen, bei denen der Konsum von kontaminierten Tierprodukten eine zusätzliche Belastung bedeuten würde. Die beiden Algen dagegen weisen so gut wie keine Rückstände auf. Dennoch scheint man auch mit deftigerer nukleinsäurehaltiger Nahrung ein methusalemisches Alter erreichen zu können. So berichtet es jedenfalls Jensen in seinem Buch „Chlorella: Gem of the Orient".

Bei Interviews von Personen, die mehr als hundert Jahre zählten, antwortete ein Mann jenseits der 130 aus Florida auf die Frage, womit er sich die letzten 30 Jahre ernährte: „Canned Sardines and Crackers". Das klingt weder nach Trennkost, noch nach Frischem. Dennoch: Sardinen ernähren sich von Plankton und enthalten daher, sofern nicht die besten Teile, wie Rückenknorpel und Haut, entfernt wurden, die zellregenerierenden Nukleinsäuren. Leider werden bei uns die Sardinen nur in Öl und nicht wie in den USA in Wasser eingelegt angeboten. Viele Konsumenten sollten Beschwerden gegen diese ungesunde Konservierungsmethode bei den Fischkonservenfirmen einreichen. Darin sehe ich die einzige Chance, eine gesündere Haltbarmachung zu bewirken. Und wenn wir schon dabei sind, violettes oder blaues Glas als Verpackung schützt Vitamine und Lichtteilchen; Milchprodukte und Getreide sollten, da einige B-Vitamine lichtempfindlich sind, nicht in Klarsichtverpackungen angeboten werden. Sie als Verbraucher können durch Ihre Wahl ein gesundheitsförderndes Warenangebot erzwingen.

Natürliches Germanium lindert Altersbeschwerden

Germanium ist ein seltener Mineralstoff, der in Spuren in Knoblauch, Aloe, Beinwell, Brunnenkresse, Spirulina und Chlorella sowie in bestimmten Pilzen vorkommt. Während des letzten Vierteljahrhunderts haben japanische Wissenschaftler herausgefunden, daß organisches Germanium bedeutende therapeutische Wirkungen bei degenerativen Erkrankungen zeigte. Letztere mit dem Altern zusammenhängenden Leiden, wie Krebs und Arthritis, vermag die organische Form des Germaniums, bei der das Germaniumatom an Kohlenstoff und Sauerstoff gebunden ist, bedeutend zu reduzieren (vgl. Halima Neumann „Stop Krebs, MS, Aids").

Auch der japanische Forscher Kazuhiko Asai stellte fest, daß mit einer täglichen Einnahme von 100 bis 300 µg Germanium Verbesserungen bei Krankheiten wie rheumatoide Arthritis, Nahrungsmittelallergien, erhöhtem Cholesterin, Candidosen, chronisch-viralen Infektionen sowie Krebs und AIDS erzielt werden konnten. Ebenfalls wurde Germaniums Wirkung bei Sauerstoffmangel, bei der Vorbeugung von Schlaganfällen (Apoplexien), Verkümmerungen des Gehirngewebes (Gehirnatrophie), Durchblutungsstörungen, Gehirnarterienverhärtung (Zerebralsklerose), Bluthochdruck sowie bei Gedächtnis- und Konzentrationsschwäche bestätigt. Germanium zeigte sich ebenfalls effektiv beim Herbeiführen einer raschen Genesung nach Operationen.

In einer Studie konnte die Wirkung des Spurenelements bei der Wiederherstellung des Immunsystems in immungeschwächten Organismen demonstriert werden. Außerdem stellte sich in experimentellen Untersuchungen heraus, daß Germanium die Produktion des die Immunantwort stimulierenden Interferons veranlaßt. Der seltene Mineralstoff wird zu den Chelatbildnern gezählt, da er als immunstimulierendes Oxid toxische Bestandteile bindet und sie aus dem Körper befördert. Germanium bindet sich dabei an Cadmium und Quecksilber zu weniger giftigen Substanzen, wodurch es dem Organismus erleichtert wird, das Metall schneller auszuscheiden. Sofern Germanium in Tablettenform eingenommen wird, empfiehlt sich die Lutschtablette (Germanium metallicum), da das Element in dieser Form besser vom Blut aufgenommen wird. Da der Körper eine natürliche Toleranz entwickeln könnte, sollte Germanium nicht kontinuierlich jeden Tag für mehrere Monate eingenommen werden. Vielleicht bleiben Sie doch besser ganz bei der Natur und nehmen lieber größere Mengen der o. g. germaniumhaltigen Lebensmittel zu sich.

Orientalische Pilze halten jung

Seit Tausenden von Jahren sind asiatische Pilze auf ihre medizinischen Wirkungen hin erforscht worden. Einige dieser Pilze zeigen stärkende und lebensverlängernde Eigenschaften. In China wurden bestimmte Rezepturen für Erkrankungen entwickelt. Aber erst Mitte des 20. Jahrhunderts waren medizinische Forscher fähig, die Pilze auf ihre therapeutisch wirksamen Inhalte hin zu untersuchen. Erst im letzten Vierteljahrhundert wurden die antiviralen und krebshemmenden sowie immunstärkenden Eigenschaften einiger Pilze entdeckt.

Shiitake (Lentinus edodes) aktiviert Interferon

In Japan wird das Polysaccharid Lentinan des Shiitake-Pilzes zur Krebsbehandlung verwendet. Im Jahre 1984 konnte eine internationale Gruppe von Forschern demonstrieren, daß das Lentinan das Virus und den Antikörper von einem HTLV-I-Patienten (human T-cell-leucaemia-virus) und von einem HTLV-III-Patienten (Retrovirus der Gruppe Lentivirus) beseitigen konnte. (Tadao et al. und Aoki et al.). Die HTLVs sind humane lymphotrope Retroviren, die einzigen RNA-Viren mit krebserzeugendem Potential. Sie werden mit einer Reihe von ungewöhnlichen Neubildungen von T-Lymphozyten in Zusammenhang gebracht und verursachen Leukämie,

Lymphdrüsen-, Knochen-, Brust-, Leber- und Nierenkrebs sowie Autoimmunkrankheiten und Immundepression, wie AIDS. Berichten zufolge stimuliert der Shiitake-Pilz die Aktivität von Interferon, Makrophagen und natürlichen Killerzellen. Er verstärkt die Antikörperproduktion, hilft beim Aufbau von Lymphozyten und bei Lebererkrankungen.

Shiitake-Pilze enthalten 18 Aminosäuren, davon sieben essentielle. Sie sind reich an B-Vitaminen, besonders B-1 = Thiamin, B-2 = Riboflavin und B3 = Niacin (Balch und Balch 1997).

Reishi (Ganoderma lucidum) verspricht ein langes Leben

Dieser schon seit 2000 Jahren populäre, in China als Ling Zhi bezeichnete Pilz stand auf der antiken chinesischen Liste für hervorragende Arzneimittel an erster Stelle. Vom Reishi-Pilz glaubte man, ewige Jugend und ein langes Leben zu erhalten. Heute wird er, wie auch die anderen hier beschriebenen Pilze, für eine Reihe von Gesundheitsproblemen, wie Bluthochdruck, Herzerkrankungen, chronische Müdigkeit, virale Infektionen und Abwehrschwäche verwendet. Reishi wird unter Naturheilkundigen wegen seiner leberregenerierenden Fähigkeit geschätzt. Beispielsweise benutzt eine taiwanesische Firma, die schon seit über 50 Jahren qualitativ hochwertige Kräuterextrakte herstellt, ihre moderne Technologie, um Reishi-Pilze natürlich zuzubereiten und dann im Trockensprühverfahren den konzentrierten Extrakt als Granulat für Tee zu verarbeiten.

Dieser Pilz aus dem Fernen Osten enthält übrigens, außer den krebshemmenden Polysacchariden und einer Reihe von weiteren gesundheitsförderden Substanzen, eine beachtliche Menge an natürlichem Germanium (Gregory 1993).

Maitake (Grifola frondosa) sorgt für Lebensfreude

Dieser Pilz wächst im Nordosten von Japan. Maitake bedeutet „tanzender Pilz". Die Legende besagt, daß alle Menschen, die den Maitake essen, sich derart wohl fühlen, daß sie aus lauter Freude zu tanzen beginnen. Bei klinischen Versuchen im San Francisco General Hospital wurde Maitakes starker immunstimulierender Effekt demonstriert. Dabei wurde auch seine Wirkung gegen das HIV und EBV (Epstein-Barr-Virus; bekannt als Auslöser des chronischen Müdigkeits- oder Schwächesyndroms) entdeckt. Außerdem lindert Maitake Schmerzen und beschleunigt generell die Heilung. Er wird bei Bluthochdruck, Krebs, Diabetes und AIDS eingesetzt. Die Anti-HIV-Wirkung wurde durch die sulfatierten Polysaccharide des Fruchtkörpers demonstriert. Dieser Pilz stärkt die körpereigene Abwehr ohne Nebenwirkungen, läßt Tumore schrumpfen und ist als der stärkste Immunstimulant aller Pilze bekannt. Zudem verhindert er sekundäre Infektionen bei HIV-positiven Personen.

In Dritte-Welt-Läden, asiatischen Lebensmittelmärkten und manchen Naturkostläden gibt es die Pilze frisch oder getrocknet, eventuell auch in Pillen, Kapseln und als Pulver. Die getrockneten Pilze werden in warmem Wasser oder Gemüsebrühe eine halbe Stunde lang eingeweicht. Fragen Sie in Ihrem Reformhaus nach den Pilzen; es ist keine Mühe, die getrocknete Ware zu beschaffen.

Weitere Immunsystemstärkende Naturheilmittel

Gelbwurzel *(Curcuma longa)* gegen Entzündungen

Das auch als indischer Safran bezeichnete Ingwergewächs sollte viel mehr in der Küche Verwendung finden, denn diese Droge ist nicht nur ein natürliches entzündungswidriges Mittel, sie fördert auch vorzüglich die Verdauung und regt die Gallenbildung in der Leber an.

In der indischen (ayurvedischen) und chinesischen Medizin hat sich das in unserer Küche meist nur als Zusatz im Curry und in der Worcestersauce befindliche Gewürz bei der Behandlung zahlreicher Entzündungsarten bewährt. In einer Vielzahl von Studien wird dem ätherischen Öl der Kurkumaknolle der gleiche entzündungshemmende Effekt bestätigt, wie den führenden synthetisch hergestellten Steroidhormonen (Hydrocortison) und Phenylbutazon, die bei arthritischen und chronisch-entzündlich-rheumatischen Erkrankungen eingesetzt werden (Arora et al. 1971, Chandra und Gupta 1972). Man nimmt an, daß dieser entzündungswidrige Effekt auf die histaminhemmende Aktivität zurückzuführen ist. Hier könnte man sich wieder einmal fragen, wieso ein natürliches Heilmittel, dem selbst das Bundesgesundheitsamt diese positive Wirkung bescheinigt, nicht eine tragende Rolle bei der Behandlung chronisch-entzündlicher Erkrankungen spielt, zumal die chemischen Alternativen in der Regel zu starken Nebenwirkungen führen.

Mehrere indische Wissenschaftler demonstrieren, daß das Curcumin, der gelbe Farbstoff, sogar noch eine stärkere Wirkung bei akuten Entzündungen hat (Srimal und Dhawan 1973, Mukhopadhyay et al. 1982). Und während Phenylbutazon deutlich toxisch wirkt und zur Bildung von Geschwüren und zur Abnahme der Immunzellenwerte (weiße Blutkörperchen) führt, demonstriert Curcumin keine besondere Toxizität. Wer also an einem akuten Gichtanfall leidet, sollte Kurkuma einfach einmal ausprobieren. Ein Teelöffel dieses Gewürzes kann in jede Suppe oder jeden Eintopf eingerührt oder in der Salatsoße verwendet werden. Wer den Geschmack nicht mag, kann das Pulver in Kapseln oder Reispapier eingewickelt einnehmen.

Ein stark wirkendes altbekanntes Hausmittel gegen Verstauchungen, Muskelschmerzen und entzündete Gelenke ist ein Umschlag aus einer Mischung von Kurkuma und Löschkalk (Ghatak und Basu 1972).

Im „Naturopathic Handbook of Herbal Formulas“ wird Curcuma longa neben den o. g. Qualitäten als ein starkes Antioxidans aufgeführt.

Lakritze (Glycyrrhiza glabra, Süßholz) – süß und „in Maßen“ gesund

Wegen ihrer Heilwirkung ist die beständige Pflanze in der westlichen wie in der östlichen Kultur schon seit mehreren tausend Jahren benutzt worden, vor allem zur Heilung von Atemwegsinfektionen, wie Bronchitis, Rachen- und Lungenentzündung, aber auch zur Behandlung von chronischer Gastritis (Magenschleimhautentzündung). Wer unter hohem Blutdruck leidet, sollte die Lakritzwurzel jedoch mit Vorsicht genießen, denn sie ist bekannt dafür, daß sie den Blutdruck erhöht, außerdem Wasser im Körper hält und somit für Gewichtszunahme und Ödeme verantwortlich sein kann. Die auch bei längerer Anwendung auftretenden leichten Schwellungen, vor allem im Bereich von Gesicht und Fußgelenken, rühren von einer verminderten Natrium- und Wasserausscheidung her. Da die Kaliumausscheidung dabei erhöht ist, empfiehlt es sich, während der Zeit der Einnahme auf kaliumreiche Kost (Avocados, Bananen, getrocknete Aprikosen, weiße Bohnen, Sojabohnen, Kartoffeln und Spinat) zu achten.

Das Süßholz (Liquiritae radix), dessen Extrakt zur Herstellung von Lakritze dient, wird von Glycyrrhiza glabra gewonnen. Die alten Ägypter und Chinesen verwendeten diese Pflanze, um ihr Leben zu verlängern und ihr erotisches Interesse wachzurufen. Viele Studien haben zudem die Wirksamkeit des Lakritzextrakts in Bezug auf die Immunreaktion bewiesen. Abe et al. fanden heraus, daß es die Interferonaktivität und die T-Zellproduktion anregt. Dadurch kommt es zu bedeutenden antiviralen (einschließlich Anti-AIDS-) Aktivitäten, denn Interferon hängt sich an die Zelloberfläche an und stimuliert die virale, infektionshemmende Proteinsynthese.

Mehrere wissenschaftliche Untersuchungen bestätigen dem Süßholzextrakt eine Wirkung gegen eine Reihe von Viren, unter anderem gegen den Herpes simplex, Hepatitis-B und das Epstein-Barr-Virus. Mitscher konnte den antibiotischen Effekt des Glycyrrhiza-glabra-Extrakts gegen Staphylokokken, Streptokokken und Candida albicans darlegen. In seinem Buch „Healing AIDS Naturally" listet Badgley mehrere Studien auf, in denen der Süßholzextrakt zur Tumorhemmung verwendet wurde. Dabei zeigte sich, daß die Glyzirrhizinsäure das Tumorwachstum von 97 % auf 40 % reduzierte und bei einem anderen Tumorerreger sogar von 88 % auf 6 %.

Dr. Hans Kugler und seine Kollegen berichten über die synergistische Qualität des Süßholzes durch modulierende und verstärkende Aktivitäten anderer Kräuter und seiner dem Cortison ähnlichen Wirkung. Es veranlaßt die Nebennierenrinde, größere Mengen von Cortison und Aldosteron (Nebennierenhormone) zu produzieren. Ebenso hat es eine positive Wirkung auf das Nebennieren-Hypophysensystem und auf die Thymusdrüse, deren Atrophie bzw. Rückbildung es verhindert.

Wie bei allen Heilpflanzen ist auch bei der Verwendung von Süßholz darauf zu achten, dieses nicht länger als vier bis sechs Wochen zu nehmen. Und, wie schon erwähnt, vor allem wer unter hohem Blutdruck leidet, sollte sich vorsehen.

Mistel (Viscum album) gegen Krebs

Der Mistel wird ein blutdruckregulierender Effekt zugeschrieben, so daß dieses in Baumkronen schmarotzende immergrüne Strauchgewächs bei Bluthochdrucksymptomen wie Kopfschmerzen, Schwindel, Energielosigkeit und Reizbarkeit helfen kann. Die Mistel ist ein Volksmittel gegen Epilepsie und ihr stark klebriger Stoff Viszin dient als Dermatotherapeutica (Küster 1920). Auch ließ sich der alte Volksglaube, daß die Mistel ein Krebsmittel sei und gegen Verkalkung wirkt, klinisch und experimentell bestätigen (E. Schneider „Nutze die Heilkraft unsrer Nahrung").

Bloksma et al. untersuchten die Mistel auf ihren Effekt auf das Immunsystem und kamen zu dem Ergebnis, daß sie sich positiv auf die Thymusdrüse auswirkt sowie die humorale und zellulare Immunität aktiviert.

Schwarzkümmel *(Nigella sativa)* – nur gegen den Tod ist er machtlos

Der im Orient ebenso geschätzte, wie von Heilpraktikern und Ärzten in Europa anerkannte Schwarzkümmel, der seit dem 16. Jahrhundert meist als „Schwarzer Koriander" bezeichnet wird, soll jede Krankheit außer den Tod heilen; so verkündete es jedenfalls der Prophet Mohammed. Die Erkrankung einer Araberstute führte zur Wiederentdeckung des Schwarzkümmels. Ein Arzt vom Nil empfahl ihn zur Behandlung des an Asthma leidenden wertvollen Tieres. Durch die rasche Genesung der Stute, die sogar wieder Medaillen gewann, kam das Gewürz ins Forschungslabor.

Doch nicht nur im Orient, auch in Mitteleuropa war noch vor einigen Jahrhunderten bekannt, daß ein aus Schwarzkümmelöl gewonnener gummiartiger Extrakt häufig bei Viehkrankheiten verwendet wurde. Laut Jünemann und Luetjohann werden zur Tierpflege heute pro Tonne Futter 1 bis 5 kg Schwarzkümmelsamen zugegeben. „Dies dient nicht nur allgemein zur Stärkung des Immunsystems, sondern hilft bei Pferden gegen allergische Symptome (Asthma, Ekzeme) und bei Kühen gegen Mastitis (Euterentzündung)".

Es wäre wünschenswert, in Zukunft vermehrt Untersuchungen mit altbekannten Hausmitteln auch am Menschen durchzuführen. Der Schwarzkümmel, aber auch viele andere natürliche, das Immunsystem stärkende Kräuter, Gewürze und Nahrungsergänzungsmittel stehen viel zu sehr im Schatten. Denn mit solchen Arzneien schonen wir unsere Umwelt und unsere schon genug mit Chemie verseuchten Körper.

Aus dem mohnähnlichen Samen des Schwarzkümmels wird durch Kaltpressung und Filtration das Öl mit dem würzigen Geruch und dem scharfen Geschmack gewonnen. Als Wirkstoffe gibt Pahlow ätherisches und fettes Öl, ein Saponin sowie Gerb- und Bitterstoffe an. Das sogenannte Nigellon wirkt gegen Bronchialspasmen und -asthma und hemmt zusätzlich die Histaminausschüttung, das Thymochinon wirkt galletreibend, entzündungshemmend und schmerzstillend. Das fette Öl des Schwarzkümmels enthält zirka 70 % ungesättigte Fettsäuren, wertvolle Fettbegleitstoffe, Mineralien, Spurenelemente und Vitamine. Damit zählt die Pflanze zu den hochwertigen Nahrungsergänzungsmitteln, denen nachweislich immunregulierende und stoffwechselfördernde Effekte zugesprochen werden.

In Europa wurde das Schwarzkümmelöl wegen seiner Wirkung gegen Blähungen und Gelbsucht, zur Bekämpfung der Ruhr, bei Magen- und Lungenleiden, zur Stärkung des Milchflusses bei stillenden Müttern und zur Vermehrung der Harnausscheidung genutzt.

Jünemann und Luetjohann weisen in ihrem Buch „Die drei großen Heiler“ auf die regulierende, harmonisierende und unterstützende Wirkung des Schwarzkümmels auf das Immunsystem hin. Durch seine „Zellhormone“ können vor allem Allergien und Infektionskrankheiten wirksam behandelt werden.

Der vollkommene Immunsystemstabilisator Schwarzkümmel besitzt eine starke antibakterielle und antimykotische Wirkung, regt Knochenmark und immunkompetente Zellen an, schützt gesunde Zellen vor schädigendem Einfluß durch Viren, zerstört Tumorzellen und beugt Krebs vor, stimuliert Knochenmarkszellen, vermehrt die Zahl der Antikörper produzierenden B-Zellen, hemmt durch vermehrte Interferonbildung das Wachstum schädlicher Mikroorganismen, vermindert Symptome von Allergie-Patienten und entschlackt durch ausscheidungsfördernde Eigenschaften.

Teebaum (Malaleuca alternifolia), das Mittel der Aborigines

Australien ist die Heimat des seltenen Baumes, dessen weißliche Blüten einen stark aromatischen Duft verströmen. Jahrhundertelang sammelten die Aborigines die Blätter dieses Baumes, da sie ihre antiseptische Wirkung bei der Heilung von Wunden und Hautkrankheiten aller Art schätzten.

Als Captain James Cook 1770 in der Nähe des heutigen Sidney landete, entdeckte er auf seiner Expedition der nordöstlichen Küste entlang (New South Wales) Haine mit Bäumen, deren klebrige aromatische Blätter einen würzigen Tee ergaben. Der Forscher nannte die Bäume daraufhin „Teebäume". Captain Cook und seine Begleiter konnten damals noch nicht ahnen, daß ihnen eines der einzigartigsten Gewächse und essentiellen Öle dieser Erde untergekommen war. Heute wird das wertvolle Öl durch Dampfdestillierung der Blätter gewonnen.

Im Jahre 1962 fand Pena heraus, daß ein alkoholischer Extrakt des Teebaumöls, zu 1 % in Wasser verdünnt, einen stark antibakteriellen und antifungalen Effekt hatte. Es zeigte sich, daß der Extrakt wirksam gegen Trichomoniasis, Candidiasis und Zervizitis (Entzündung des Gebärmutterhalses) ist. Die Behandlung erstreckt sich auf tägliche Vollbäder (zirka zehn Tropfen) und Spülungen, kombiniert mit wöchentlich benutzten getränkten Tampons. Es zeigten sich keine Nebenwirkungen und die Patienten lobten den wohltuenden Effekt.

Jünemann und Luetjohann betrachten Teebaumöl als ausgezeichnetes Mittel gegen infektiöse Prozesse aller Art, wie Bronchitis, Sinusitis, Zahnabszesse und Zahnfleischentzündung, infektiöse, virale und parasitäre Darmentzündung sowie Pilzinfektionen.

Da viele Billigprodukte den Markt überschwemmen, welche nicht die vom Teebaumöl versprochenen Heilerfolge leisten, sollte beim Kauf darauf geachtet werden, daß die vollständige lateinische Bezeichnung „Malaleuca alternifolia" vermerkt ist. Das Herstellerland sollte ebenfalls vermerkt sein. Ein Plus wäre außerdem die Angabe „100 % naturbelassen".

Sie mögen sich fragen, warum in diesem Buch so viele das Immunsystem stärkende Heilpflanzen und Nahrungsmittel aufgeführt sind und überlegen, ob es nicht genug sei, sich mit zwei oder drei dieser Naturheilmittel zu begnügen.

Das Problem liegt in Unverträglichkeiten und Allergien, die der Körper gegen Substanzen entwickelt, die ihm über einen längeren Zeitraum zugeführt werden. Und wie schon erwähnt, wird mit dem Rotieren der verschiedenen Produkte verhindert, daß die zu bekämpfenden Mikroorganismen resistente Arten bilden. Es ist ratsam, nach vier bis sechs Wochen zu einem anderen der angegebenen abwehrstärkenden Kräuter und Gewürze überzuwechseln.

III.

Die „Sieben Essentiellen" zur Aufrechterhaltung eines funktionierenden Abwehrsystems

Überall um uns herum finden wir Beispiele von der unsagbaren Weisheit und Kraft der Schöpfung, und am Gipfel der irdischen Kreation steht der menschliche Körper, ein Wunder unermüdlicher Leistungsfähigkeit, Gesundheit und Fröhlichkeit. Jahrmillionenlang lebten Menschen in Harmonie mit der Natur und besaßen eine Fülle instinktiven Wissens, welches ihnen erlaubte, bis heute zu überleben. Und das ganz ohne den sogenannten Fortschritt, an dem wir uns ach so sehr erfreuen. Unsere Vorfahren lebten in frischer Luft und Sonne, tranken reines Wasser, ruhten sich aus und schliefen, nachdem die Sonne untergegangen war. Sie waren auf die Nahrung angewiesen, die ihr die Natur bereitstellte und lebten ein körperlich aktives Leben in Gemeinschaft und gegenseitiger Abhängigkeit.

All diese natürlichen Elemente bestimmten unsere Spezies. Selbst wenn die Zivilisation die oft unbegreifliche Technik zwischen uns und die Natur gedrängt und uns von unserer wahren Veranlagung entfernt hat, glauben Sie nicht, daß dieses Wissen noch tief in unserem Innern schlummert? Und warum? Weil wir ein Teil der Natur sind, nicht über ihr stehend und nicht von ihr getrennt.

Unsere biologischen Bedürfnisse sind dieselben, die unsere Ahnen vor mehreren Millionen Jahren schon regelmäßig befriedigten. Sie beinhalten neben der schon erwähnten frischen Luft, dem reinen Wasser, der natürlichen Nahrung, der regelmäßigen Bewegung sowie der ausreichenden Erholung auch noch die Freude bei der Arbeit und die seelisch-geistige Beschäftigung. Mit der Betonung auf Regelmäßigkeit sind diese Elemente heute noch ebenso essentiell für ein gesundes, freudvolles Leben. Wenn Gesundheitssuchende ihre Kost umgestellt haben, aber sich nicht bewegen, müssen sie sich nicht wundern, daß es ihnen nicht so phantastisch geht, wie erwartet. Auf der anderen Seite gibt es Personen, die sich viel bewegen, aber das Ausruhen dabei vergessen oder andere, die in ihrer Freizeit die Regeln des natürlichen Lebens befolgen, aber sich vierzig Stunden in der Woche am Arbeitsplatz aufreiben oder langweilen. Wichtig ist die Balance in allen Bereichen.

Im Folgenden zeige ich die Elemente einer gesunden Lebensführung im einzelnen auf und hoffe, viele Leser gewöhnen sich daran, die „Sieben Essentiellen" in ihren Alltag zu integrieren. Denn nur ihre Befolgung kann permanentes Wohlbefinden garantieren. Die in den Schriften von Dr. Philip J. Welsh erwähnten „Seven Essentials" habe ich in der Weise umgewandelt, als ich die beiden wesentlichen Elemente frische Luft und Sonne als eins genommen und dafür die freudvolle Beschäftigung als weitere Komponente einer gesunden Lebensweise zugefügt habe. Denn es gibt kaum einen wirkungsvolleren Immunsystem-Verstärker als eine Arbeit, die mit Lust und Liebe durchgeführt wird.

1. Reine Luft und Sonne sind für uns lebensnotwendig

Niemand kann die Bedeutung der Luft für den lebenden Organismus bestreiten, zumindest sofern er zu den Aerobiern zählt. Da auch wir luft- bzw. sauerstoffabhängig sind, können wir mit Aerobic besonders viel von dem für uns lebenswichtigen Gasgemisch in unsere Lungen pumpen. Freiübungen hieß es früher, und meine Deutsch- und Biologielehrerin Luise Walti war in der ganzen Gemeinde bekannt für ihre allmorgendlichen „Open-air"-Übungen. Sie war ein

Vorbild für uns alle, spornte uns zu regelmäßiger kräftiger Bewegung an und verwendete sogar zwei Biologiestunden darauf, uns auch das richtige Entspannen in Form von autogenem Training beizubringen.

Wichtig an der Luft ist für uns der Sauerstoff. Unser Blut und die Milliarden von Zellen, die alle Lebensfunktionen verrichten, müssen ständig mit diesem Gas versorgt werden. Wenn wir nur kurze Zeit ohne Sauerstoff auskommen müssen, verfärbt sich unsere Haut blau, und wenn wir länger als 5 bis 6 Minuten ohne sind, verwandelt sich unser Körper in eine Leiche. 20,9 % der Luft besteht aus Sauerstoff, und wir erhalten unseren Vorrat des geruch- und geschmacklosen Gases, indem wir es von der Luft, die wir einatmen, extrahieren.

In etwa 300 Millionen winziger Luftsäckchen, den Lungenbläschen oder Alveolen, die einen Durchmesser von 0,06 bis 0,2 mm haben, findet der Gasaustausch statt. Das Blut wird vom Kohlendioxid, dem gasförmigen Endprodukt des Stoffwechsels, befreit und mit Sauerstoff beladen. Der mit der Luft eingeatmete Sauerstoff wandert in die die Alveolen umgebenden Blutgefäße. Das mit Sauerstoff gesättigte Blut strömt von den Lungen über die Lungenvenen zur linken Herzseite und wird dann durch die Aorta zu den Körpergeweben gepumpt. Der Sauerstofftransport im Blut erfolgt durch die roten Blutkörperchen. Wenn das Blut durch die Haargefäße (Kapillaren) strömt, werden der Sauerstoff und andere Nährstoffe, wie Glukose (Einfachzucker, auch Dextrose genannt), an die Körperzellen abgegeben. Gleichzeitig werden die Stoffwechselprodukte der Zellatmung – Kohlendioxid und Wasser – aufgenommen. Glukose und Sauerstoff sind an den komplexen chemischen Reaktionen in den Zellen beteiligt, wobei Energie erzeugt wird. Der Kohlenstoff wird mit dem Blut zum Herzen und dann zur Lunge zurücktransportiert, wo er sich in den Alveolen verteilt und anschließend ausgeatmet wird.

Wenn wir also ausatmen, stoßen wir Kohlendioxid und eine Menge anderer Abfallprodukte aus. Würde unsere Luft nur 3 % Kohlendioxid enthalten, würden wir schläfrig werden. Übrigens, alle

Sodagetränke, auch Mineralwässer und Bier, enthalten Kohlendioxid. Natürlich nur in geringen Mengen, aber: „Was nicht gut ist, ist in keiner Menge gut", sagen die Diamonds. Die „Fit-for-Life"-Autoren geben ebenfalls zu bedenken, daß wir mehr Gewicht an Luft zu uns nehmen als an Nahrung und Wasser zusammen und es daher besonders wichtig ist, saubere Luft einzuatmen. Denn beim Einatmen von verschmutzter Luft, wie sie in den meisten Industriestädten üblich ist, läßt unsere Leistungsfähigkeit erheblich nach. Natürlich ist die Luft am besten, je weiter wir von der Zivilisation entfernt sind, wie etwa in einer pflanzenreichen Umgebung, da grüne Pflanzen Kohlendioxid in Sauerstoff umwandeln. Aber auch am Meer ist die Luft rein, da sie vom Meer ständig in Umlauf gebracht und gereinigt wird. Wenn Ihnen Ihre Gesundheit wichtig ist, spazieren sie öfters mal durch den Wald und saugen dabei die frische, moosgeschwängerte Luft tief in Ihre Lungen ein.

Eine der besten Möglichkeiten, den Körper mit dem lebenswichtigen Gas zu versorgen, sind schnelles Gehen und gymnastische Übungen, wie im Kapitel „Regelmäßige Bewegung gegen Zivilisationskrankheiten" ausführlich dargelegt. Die beste Zeit zum Gehen oder Laufen ist ganz früh am Morgen, wenn uns die Autos noch nicht mit ihren Abgasen belästigen. Dies ist auch die beste Zeit, um Freiübungen am offenen Fenster, auf dem Balkon oder auf der Wiese durchzuführen. Halima Neumann empfiehlt als Kreislauf- und Energieschub nüchtern frühmorgens zehn Minuten Blasebalgatmung (siehe Seite 69) an der frischen Luft. Siehe hierzu auch das Kapitel „Spirulinas alkalisierende Qualität" in „Spirulina, das blaugrüne Wunder".

Auch wenn wir das Atmen als selbstverständlich hinnehmen und es meist gar nicht beachten, sollten wir doch zweimal täglich, am besten morgens und spätnachmittags, fünf Minuten lang langsam tief einatmen, dabei den Bauchraum mit Luft füllen (der Bauch wölbt sich dabei nach außen), dann die Brusthöhle (dabei heben sich die Schultern und die Brustmuskulatur dehnt sich unter dem Druck der gefüllten Lunge), danach die Nasengänge. Der Luftstrom breitet sich bis in den Kopf aus und sollte ein Gefühl der Leichtigkeit vermitteln. Beim Ausatmen kehren Sie den Ablauf einfach um, indem Sie die Luft zuerst aus dem Nasenbereich ausströmen lassen.

Durch diese vollständige Atmung, die ohne Pause zwischen Ein- und Ausatmung fortgeführt werden sollte, gelangt nicht nur mehr Sauerstoff in den physischen Körper, es werden auch gleichzeitig die Chakras stimuliert, indem Prana auch Chi genannt (Licht- und Lebensenergie) einfließt. Seine Schwingungen halten die Chakras offen und harmonisch funktionierend. Bei dieser Atmung, die auch von den Yogis praktiziert wird, tanken wir noch mehr Sauerstoff und Wärme, außerdem werden Kreislauf, Hormondrüsen und alle Entgiftungsorgane angeregt.

Leider haben viele von uns das richtige Atmen nie gelernt. Denn nur wenn wir nach der Entbindung mindestens 45 Minuten lang durch die Nabelschnur noch mit der mütterlichen Sauerstoffversorgung verbunden sind und es uns somit erlaubt ist, uns an das Atmen durch unsere eigene Lunge zu gewöhnen, ist die Grundlage für das richtige Atmen geschaffen. Die Praxis in vielen Krankenhäusern sieht leider ganz anders aus: Sofort nachdem der Säugling durch den Geburtskanal gezwängt wurde und das grelle Licht der Welt erblickt ratsch die Nabelschnur durchtrennt und dem kopfunter an den Füßen gepackten Bündel Mensch auf den Hintern geklopft japs japs strömt die für seine Verhältnisse eiskalte Luft in die noch unvorbereiteten Lungen ein.

Wenn der erste Atemzug mehr ein Schnappen nach Luft ist, wird das Atmen auch später ein flaches, schnelles und schweres Brustatmen sein. Die Azidose-Expertin Halima Neumann macht die flache Atmung mitverantwortlich für die Übersäuerung des Körpers, da sie zu einer erhöhten Kohlendioxidkonzentration im Blut und folglich zum Absinken des Ph-Wertes führt. Da viele von uns durch die stressigen Geburtserfahrungen vom instinktiven Atmen abgehalten wurden, ist es notwendig, dieses später zu lernen, auch wenn es erst jetzt ist.

Je langsamer und tiefer wir atmen, desto entspannter sind wir. Das Beobachten des eigenen Atmens läßt uns ruhiger werden; die Gedankensprünge und das rastlose Problemewälzen nimmt ab. Wer jahrelang nur über die Lunge geatmet hat und nun die vollständige Atmung „entdeckt", wird feststellen, daß sich das Bewußtsein verändert und das Streßmanagement besser vonstatten geht.

Eine andere Atemtechnik, die Schwung (Feuer) in den Körper bringt, ist die „Feueratmung"; sie geschieht durch mehrmaliges Hecheln durch die Nase, gefolgt von einem tiefen Durchatmen. Wie dieses Atemverfahren, ist auch das abwechselnde Atmen durch ein einzelnes Nasenloch Bestandteil des Hatha-Yogas.

Die Yogis haben festgestellt, daß jedes Nasenloch mit der gegenüberliegenden Seite des Gehirns verbunden ist und daß es einen Körperrhythmus gibt, bei dem jede Stunde und 28 Minuten die Dominanz der Gehirnseite wechselt. Wenn also die linke Gehirnhälfte – die mechanische, kalkulierende – vorherrscht, dominiert während dieser Phase das rechte Nasenloch. Wenn die rechte, die kreative, inspirative und entspannende Seite des Gehirns vorherrscht, dominiert das linke Nasenloch. Das abwechselnde Atmen durch das rechte bzw. linke Nasenloch wirkt balancierend auf das Gehirn und überaus beruhigend. Es sollte mindestens einmal am Tag, etwa fünf Minuten lang durchgeführt werden und eignet sich vor allem vor Prüfungen sowie anderen aufreibenden und anstrengenden Ereignissen und Tätigkeiten: Mit dem Zeigefinger der linken Hand wird das linke Nasenloch zugehalten, langsam einatmen, den Atem anhaltend auf drei zählen; dann mit dem Zeigefinger der rechten Hand das rechte Nasenloch zuhalten und langsam ausatmen; einatmen und wieder zur linken Seite wechseln.

Eine weitere wirkungsvolle und dabei ohne jede Anstrengung durchführbare Maßnahme zur Verbesserung der Sauerstoffversorgung ist das Auftanken während des Schlafens bei offenem Fenster. Viele Menschen schlafen bei geschlossenem Fenster und zwingen sich dazu, verbrauchte, schale Luft einzuatmen. Dabei atmen sie nicht nur das ausgestoßene Kohlendioxid wieder ein, es fehlt der Atemluft auch immer mehr an Sauerstoff. Wenn zwei Personen im selben Zimmer schlafen, ist die Luft natürlich noch muffiger und abgestandener und es ist nicht verwunderlich, wenn man sich beim Aufwachen erschöpft und müde fühlt. Denn bei unzureichender Sauerstoffversorgung können die Zellen weniger gut regenerieren und weniger Nährstoffe absorbieren und verwerten. Wenn es im Winter sehr kalt ist, kann man das Fenster dennoch einen Spalt öffnen und eine extra Decke verwenden.

Bei diesen Ausführungen fällt mir eine Radiodurchsage ein, offensichtlich ein Witz, aber wer weiß? Es wurde über den „bonehead of the week" (Holzkopf der Woche) berichtet. Ein Mann, der sich drei Tage bei geschlossenem Fenster in seiner kleinen Stube aufhielt, wurde tot auf seinem Bett aufgefunden. Mehrere leere Bohnen- und Sauerkrautdosen standen auf dem Tisch. Der Mann starb offenbar an seinen eigenen Gasen. Lassen Sie sich nicht durch die alte Leier, „erstunken – erfroren" davon abhalten, der Vernunft eine Chance zu geben und für eine optimale Sauerstoffversorgung zu sorgen.

2. Natürliche Ernährung schmeckt besser und tut gut

Bis zum Seßhaftwerden und dem Beginn von Ackerbau und Viehzucht vor etwa zehntausend Jahren waren es unsere Urväter gewohnt, Beeren, Kräuter und Nüsse zu sammeln, Fische zu fangen und zu jagen. Erst seit knapp hundert Jahren verändern wir unsere Ernährung radikal. Wir bearbeiten unsere Lebensmittel, damit sie weißer, weicher und „chemisch rein" sind. Durch das Entfernen der Schale von Getreide und Reis sind die meisten lebensnotwendigen Vitamine und Mineralien verlorengegangen und das Endprodukt ist unsere beliebte konservierte „Kleisternahrung". Die entzogenen Faserstoffe können wir in der Apotheke als für die Verdauung unbedingt erforderlichen Ballaststoffe teuer erwerben.

Warum läßt der Mensch nicht einfach alles so, wie die Natur es geschaffen hat? Denkt er, die Schöpfung habe gepfuscht? Alles in der Natur hat seinen Sinn. Selbst die Kerne in den Trauben, die angesichts der heute beliebteren kernlosen Züchtungen oft nur noch in Reformhäusern teuer zu erwerben sind, haben eine Funktion; sie stellen nämlich ein hochwertiges Antioxidans dar, das verhindern soll, daß wir „ranzig werden", daß sich also Sauerstoff mit Fettmolekülen verbindet. Ranziges Fett ist krebserzeugend. Die Traube mit den Kernen zu essen bedeutet, sich gegen Krebs zu wappnen. Wir müssen aufpassen, daß wir uns eines Tages nicht selbst entfernen. Sich die Erde untertan machen heißt nicht, den Boden mit Chemie zu verseuchen. Fruchtwechsel, Ruhephasen und natürliche Schädlingsbekämpfung bringen zwar nicht immer nur Früchte, die wie gemalt aussehen, aber wir können vertrauensvoll hineinbeißen ohne die Angst im Nacken, womöglich wieder einen Pestizidvorrat in uns eingelagert zu haben.

Wenn die Profitgier die Lebensmittelproduzenten dazu treibt, ihre Waren zu toten Mitteln zu denaturieren, sind wir Konsumenten daran nicht ganz unschuldig. Denn die meisten von uns greifen nur zu gern zur bequemeren Kost. Doch wenn wir nicht bald umdenken, könnte diese uns demnächst zum Verhängnis werden. Vor allem dürfen wir uns nicht mehr von der Werbung einlullen lassen, weil wir ansonsten zu den Schwachen gehören, die die Degeneration ihrer Kinder schon vorprogrammiert haben. Sofern die Asiaten ihren traditionellen Eß- und Lebensgewohnheiten treu bleiben, haben zumindest sie eine gute Chance, zu den Starken zu gehören. Vegetarier haben ein deutlich geringeres Krebsrisiko wie eine Untersuchung an Mitgliedern der Religionsgemeinschaft der Sieben-Tage-Adventisten in Kalifornien ergab. Auch eine Forschungsgruppe des Deutschen Krebsforschungszentrums in Heidelberg konnte in einem Untersuchungszeitraum von zehn Jahren beobachten, daß die Krebssterberate von männlichen Vegetariern um die Hälfte geringer war als die in der Allgemeinbevölkerung. Bei den Frauen war die Sterberate nur um ein Viertel geringer, was sicherlich daran liegt, daß Frauen ohnehin weniger Tierprodukte verzehren und sie offenbar aus diesem Grund sowieso schon eine höhere Lebenserwartung haben. Auch ist die Krebshäufigkeit in Südeuropa deutlich geringer als in Mittel- und Nordeuropa. In südeuropäischen Ländern wird in der Regel weniger Fleisch, dafür mehr Fisch und Gemüse gegessen.

Sogar aus der traurigsten Geschichte können wir lernen. Denn auch in Kriegszeiten, wenn man sich auf das beschränken muß, was der Boden bietet, gibt es kaum degenerative Erkrankungen. Wie auch in Holland während des Zweiten Weltkriegs als die Krebsrate beim Einmarsch der Nazis gebietsweise bis zu 60 % zurückging, da letztere die fetten tierischen „Leckerbissen" für sich vereinnahmten.

Ebenso verhält es sich mit Allergien, der Alzheimer-Krankheit, Diabetes, MS, Parkinson, Rheuma und vielen anderen Leiden. Asiaten essen nicht nur wenig Fleisch, sie haben auch durch das Fahrradfahren die regelmäßige Bewegung, auf die der menschliche Organismus angewiesen ist, wenn er gesund bleiben soll.

Wenn wir nach Millionen von Jahren natürlicher Lebensweise innerhalb nur weniger Jahrzehnte unsere menschliche Hülle der ungewohnten Tortur unterziehen, sich an Tausende verschiedene chemische Substanzen zu gewöhnen, ist es dann ein Wunder, daß über 90 % aller Erkrankungen lebensstil- sowie ernährungs- und umweltbedingt sind? Hippocrates könnte heute sagen: Eure kontrolliert-biologisch, abseits von Industriegebieten und Verkehr angebauten Nahrungsmittel sollen eure Heilmittel sein. Denn in ganz gewöhnlichen Nahrungsmitteln, wie Äpfeln, Aprikosen, Trauben, Fenchel, Karotten, Brokkoli, Blumenkohl, Paprika, Rosenkohl, Weißkohl, Kartoffeln, Vollkorngetreide, Hülsenfrüchten, Zwiebeln und Knoblauch befinden sich zahlreiche Schutzstoffe bzw. bioaktive Substanzen, wie Flavonoide, Glucosinolate, schwefelhaltige Stoffe und Saponine, die vor Krebs schützen, das Immunsystem stärken, antioxidativ, entgiftend und cholesterinsenkend wirken und Erkrankungen vorbeugen.

Hippocrates würde vielleicht auch sagen: Trinkt keine Milch und eßt kein Fleisch, weil ihr groß genug seid und keine Wachstumshormone braucht und schon gar keine Antibiotika, dafür sind die scharfen Gewürze da. Es ist kein Mysterium, daß wir uns im Krankheitsfall auf die Wirkung der Virenkiller aus der Apotheke nicht mehr verlassen können, da wir durch den Konsum von Milch und Fleisch zigverschiedene Antibiotika zu uns nehmen und daher resistente Virenstämme in unserem Körper heranziehen.

Aber nicht nur das, Antibiotika zerstören, wie wir schon gehört haben, auch die Darmflora, also die nützlichen Mikroorganismen. Daher ist es kein Wunder, daß sich parasitäre Mikroben dort ausbreiten und vor allem der gefürchtete Candida-albicans-Sproßpilz überhandnimmt (siehe hierzu auch das Kapitel „Candida-Infektionen – die maskierte Seuche"). Einzig erstaunlich an der ganzen Sache ist nur, daß die etablierte Medizin die Ausbildung nicht auf diese Verhältnisse hin überprüft hat und zahlreiche Ärzte bei nicht lebensgefährlichen Erkrankungen noch immer die darmflorazerstörenden Antibiotikageschosse einsetzen, ohne Präparate zum Darmaufbau zu verschreiben. Auch gibt es noch einige Gastroenterologen, die Sproßpilze zum physiologischen Bestandteil der Darmflora zählen!

Wie sieht nun die Ernährung aus, die Sie zu einer strahlenden Gesundheit führen soll? Versuchen Sie, mehr frisches Obst und Gemüse, vor allem in Form von Rohkostsalaten zu sich zu nehmen. Wecken Sie die gesunde Sucht nach Grünzeug, indem Sie regelmäßig einen grünen Saft (Weizen-/Gerstengrassaft oder Spirulina-Shake mit Banane, Apfel und Feigen oder Datteln) trinken. Morgens während der Ausscheidungsphase ist es sinnvoll, nur wasserreiches Obst zu essen, um Giftstoffe und Schlacken auszuschwemmen. So gegen 11 Uhr kann eine Proteinmahlzeit, wie ein Spirulinagericht (zahlreiche Rezepte finden Sie in meinen beiden Spirulinabüchern), Hülsenfrüchte oder Quark mit Leinöl, pikant gewürzt, mit einem Gemüsesalat genossen werden. Abends um 18 Uhr Gemüsesuppen, Gemüse mit Reis, Quinoa, Hirse oder Buchweizen mit Avocado-Papaya-Gerichten.

Folgende Ernährungsvorschläge geben das Ziel einer dauerhaften Ernährungsumstellung an. Sie müssen jedoch nicht gleich alle auf einmal befolgt werden. Um Entzugserscheinungen zu vermeiden, ist eine schrittweise Vorgehensweise bei der Ernährungsumstellung sogar empfehlenswert.

Fangen Sie am besten mit den Etappenzielen an, die Ihnen am leichtesten fallen:

1. Täglich zwei bis drei Portionen Obst (evtl. kann ein Stück Obst durch ein Glas frischen Fruchtsaft ersetzt werden) verzehren
2. Täglich zwei bis drei Portionen Gemüse, roh oder kurz auf kleiner Flamme gegart; mindestens eine Portion als Salat essen
3. Täglich nicht mehr als 3 Scheiben Brot (Vollkorn) verzehren. Bei Getreidegerichten weniger Weizen, dafür mehr Reis, Hirse, Buchweizen und Quinoa verwenden
4. Weniger Lebensmittel tierischen Ursprungs (mehr Hülsenfrüchte, Algen, Fisch und Freiland-Eier, weniger Fleisch)
5. Täglich milchsaure Produkte (Joghurt, am besten Schafsjoghurt, Kefir, Dickmilch, Sauerkraut) verzehren

3. Regelmäßige Bewegung gegen Zivilisationskrankheiten

Da wir nicht mit Motoren auf die Welt gekommen sind, ist anzunehmen, die Natur hat es so vorgesehen, daß wir unseren Körper kräftig bewegen. Wir müssen heute nicht mehr unseren Nahrungsmitteln hinterherjagen, die Wäsche rubbeln und das Wasser ins Haus schleppen. Da wir uns aufgrund der Erleichterungen, die uns die Zivilisation gebracht hat, kaum noch anstrengen müssen, ist es ratsam, uns mit Freizeitaktivitäten fit zu halten. Ansonsten werden wir fett, steif, depressiv und sauer. Letzteres in doppelter Hinsicht. Denn, wenn wir uns nicht bewegen, werden wir nicht nur launisch, auch unsere Körpersäfte versauern. Steigern wir dagegen durch kräftige Bewegung unsere Atemfrequenz, wird die Ausscheidung von Kohlendioxid aus dem Blut beschleunigt und somit der Säuregehalt des Blutes verringert und einer Azidose vorgebeugt.

Viele gesundheitliche Probleme haben ihre Ursache in einem Mangel an Bewegung. Fettsucht, Herz-Kreislaufbeschwerden, Krampfadern und Müdigkeit sind die auffälligsten Krankheitszeichen immobiler Menschen. Bewegungsmangel kann auch bei Verdauungsstörungen oder im Fall von Schlaflosigkeit, ja sogar bei Impotenz eine Rolle spielen. Im Grunde geht alles besser, wenn die Körpersäfte ordentlich zum Fließen angeregt werden, und jeder Mensch wird nach regelmäßiger intensiver Bewegung feststellen können, daß sich sein Gemüt erheitert und sein Körper entspannt. Blockaden lösen sich, Säuren werden ausgeschieden, elektromagnetische Aufladung abgegeben. Unser Körper ist auf tägliche Bewegung ausgerichtet, und sofern wir uns der Natur nicht entfernen wollen, sollten wir uns öfter auf unsere Muskelkraft besinnen und nicht alle Arbeit den Motoren und Elektrogeräten überlassen. Am sinnvollsten ist es, kleinere Einkäufe auf Schusters Rappen oder auf dem Drahtesel zu erledigen.

Persönlich liebe ich meine abendliche Kombination aus Yoga, Aerobic und Tanzen einschließlich das schnelle Drehen von links nach rechts, wie es der erste Ritus der „Fünf 'Tibeter'" vorsieht. Auch letztere stärken die körpereigene Abwehr. Wer sich zu den fünf tibetischen Übungen, die Peter Kelder in seinem Buch „Die fünf Tibeter" beschreibt, disziplinieren kann, trägt zusätzlich zur Aktivierung aller Drüsen und damit auch des Stoffwechsels bei. Vor allem wird die Wirbelsäule regeneriert (siehe hierzu auch Kapitel „Lymphreinigung und Wirbelsäulenregeneration entgiften und machen frei"). Denn bei diesen Bewegungen werden die einzelnen Wirbelkörper und die sie verbindenden elastischen Bänder ausgiebig gedehnt. Es knackt dabei reichlich im „Gebälk", und durch diese regelmäßige Stimulierung können sich sogar abgenutzte Bandscheiben mit der Zeit wieder regenerieren.

Eine weitere ganz ausgezeichnete Art, die Wirbelsäule zu stärken und das Lymphsystem zu aktivieren, ist das Trampolinlaufen. Mitte der 80er Jahre entdeckte ich überall in den USA Trampoline, selbst in der kleinsten Wohnung. Sie wurden damals zu Dumpingpreisen verkauft. Offenbar hatten die Schriften von Dr. Samuel West, der das Hüpfen auf dem Trampolin zur Aktivierung der Lymphe empfahl, das Interesse an den Sportgeräten geweckt. Auf der Gesundheitswelle reitend, konnten viele Kalifornier von dem preiswerten „Allheilmittel" profitieren, das die Lymphe zum Fließen bringt sowie Schlackenstoffe löst und abtransportiert.

Doch ganz egal, ob wir regelmäßige Streckübungen, Ballett, Yoga oder Aerobic durchführen, ob wir laufen, schwimmen oder radfahren, mit der Zeit fällt uns alles leichter. Wenn wir dabei auch noch zwanzig Minuten lang „außer Atem" geraten, haben wir zusätzlich unser Herz-Kreislaufsystem trainiert und die Lunge entgiftet. Ebenso produzieren wir dabei Endorphine, sog. endogene Morphine, die nicht nur unsere Stimmung aufhellen, sondern auch unsere vegetativen Funktionen stimulieren. Weiterhin werden Knochen und Muskulatur gestärkt und die Körperchemie ins Gleichgewicht gebracht. Vor allem aber wird der Körper über die Haut von Giften befreit, die in den Fettzellen direkt unter der Haut lagern. Zuerst wird Zucker vom Körper entfernt, dann toxische Öle, drittens Stoffwechselabfall und viertens chemische Medikamente. Die Ausscheidung von Drogen ist dabei am schwierigsten, da sie in den Fettzellen und in den Organen und Blutgefäßen eingelagert sind.

Bei regelmäßiger körperlicher Anstrengung gehen wir außerdem zielgerichteter durchs Leben, unsere geistigen Fähigkeiten werden angeregt und wir werden selbstbewußter. Besonders erfreulich ist, daß wir immer gelenkiger und biegsamer werden, selbst wenn wir erst in höherem Alter beginnen. Seit kurzem führe ich wieder regelmäßig die fünf tibetischen Riten durch. Diese sind für mich jedoch, abgesehen vom ersten Ritus, eine Art Pflichtübung, während der „yoga-aerobische Tanz", das „going with the flow" meine bevorzugte Art der Verwirklichung in der Bewegung ist. Let go, sich einfach mal gehenlassen. Wem tänzerische, spielerische Gymnastik nicht liegt, sollte kleinere Einkäufe, den Weg zur Arbeit, zur Post oder zur Bank zu Fuß oder mit dem Fahrrad erledigen oder sich einen Biogarten anlegen und so den doppelten Effekt von Bewegung und Biokost nutzen.

4. Reines Wasser kann mehr als Zähneputzen

Früher wurde die Heilkraft des Wassers noch mehr geschätzt. Und dabei war es weniger bequem als heute, an das kühle Naß heranzukommen. So mußte ein an Lungen-Tb erkrankter Theologiestudent, der nach der Lektüre des Arztes J. S. Hahn über den „Unterricht von der Heilkraft des frischen Wassers“ diese am eigenen Körper ausprobieren wollte, in Ermangelung anderer Möglichkeiten im November in der kalten Donau kurze Tauchbäder von drei bis vier Sekunden nehmen. Die notwendige Vorwärmung erreichte er durch einen forschen dreiviertelstündigen Fußmarsch bis zum Fluß, die Nacherwärmung durch den Marsch zurück zu seiner Studentenbude. Nach vielen Wiederholungen dieser Prozedur gelang ihm die vollständige Heilung.

Dieser Erfolg prägte ihn so tief, daß er auch später während seiner Pfarreiarbeit als Naturarzt praktizierte. Sie haben es sicher schon erraten, daß der ehemalige Theologiestudent kein anderer als Sebastian Kneipp war, der durch seine therapeutischen Wasserbehandlungen und einfachen Abhärtungsmittel weltberühmt wurde. Kneipps Ziel war die Wiederherstellung seiner Gesundheit durch den Wasserreiz, der im Körper Wärme erzeugt. In seinem Fall kann der Erfolg allerdings auch auf der Energetisierung beruht haben. Durch die vermehrte Zufuhr von Sauerstoff, den Kneipp auf den häufigen Märschen zum Fluß in seine Lungen pumpte, könnte er die Tuberkelbazillen besiegt haben, die bei so viel „lästigem“ Sauerstoff sich lieber einen anderen Wirt suchten.

Wer kennt heute nicht seine stoffwechsel-, kreislauf- und atmungsanregenden Armgüsse, die selbst bei Schulmedizinern bewährten Wadenwickel und Fußbäder? Und wer hat noch nicht das energiesteigernde und auf lange Sicht körperstärkende Wasser- und Tautreten ausprobiert und – die Wohltat für den Körper spürend – sich vorgenommen, diesen Genuß regelmäßig zu wiederholen? Wenn Sie die guten Vorsätze bald wieder vergessen haben, geht es Ihnen wie den meisten von uns. Doch mit einem einfachen Trick können wir es schaffen, bei der Stange zu bleiben. Wenn wir nämlich etwas nicht nur einmal, sondern mindestens dreimal hintereinander tun, wecken wir das Gewohnheitstier in uns. Dieses ist gewöhnlich erst gewillt, etwas als neue Regelmäßigkeit zu inkorporieren, wenn es ein paarmal in der Folge ausprobiert wird, egal ob es sich um das Wassertrinken und -treten oder auf der weniger gesundheitsförderlichen Seite um den Verzehr eines Sahnetörtchens handelt.

Ähnlich wie bei der Homöopathie, der Akupunktur oder bei chiropraktischen Eingriffen wird auch bei der Hydrotherapie durch die Stimulation eine subtile energetische Veränderung produziert. Der Körper braucht Wasser nicht nur, um Nährstoffe aufzulösen, zu transportieren und zu absorbieren, sondern auch, um Abfallmaterialien zu extrahieren und durch die inneren Organe sowie durch die Haut auszuscheiden. Ob heiß, kalt, als Eis, als Dampf, als Kompressen oder Kräuterumschläge, Wasser kann reinigen, entgiften, und Schmerzen reduzieren. So habe ich in der anthroposophischen Filderklinik in Stuttgart vor zwei Jahren gelernt, daß ein mit lauwarmem Wasser, Mehl und Senfpulver angerührtes und auf ein Stück Leinen aufgetragenes Senfpflaster wirkungsvoller beim Ausheilen einer Bronchitis ist, als jede chemische Arznei. Denn durch dieses Irritant kommt vermehrt Blut auf die Hautoberfläche, das die Verschleimung in der Brust von innen her auflöst. Eine andere Wassertherapie bei leichtem Husten ist das schluckweise Trinken von kaltem oder heißem Zitronenwasser mit Honig, um den Auswurf des Schleims zu forcieren.

Das revitalisierende Naß, das plötzliche oder chronische Energieblockaden löst und den Energiefluß im ganzen Körper reguliert, kann für alltägliche Probleme, aber auch als erste Hilfe benutzt werden. Hanna Kroeger empfiehlt ein zweitägiges Fasten mit destilliertem Wasser, wenn ein Herzanfall droht. Wer jede halbe Stunde nur ein halbes Glas Wasser trinkt, kann die Gefahr eines Schlaganfalls oder eines Herzinfarkts verringern.

In den USA wurde Anfang der 90er Jahre mit dem Buch „Your Body's Many Cries for Water" auf die Bedeutung des reinen Wassers für den menschlichen Körper durch ein neues Realitätsmodell aufmerksam gemacht: „Sie sind nicht krank, sie sind durstig."

Auch Dr. Batmanghelidj, der Autor jenes Buches, das in der deutschen Übersetzung den weniger verkaufsfördernden Titel „Wasser, die gesunde Lösung" trägt, konnte durch praktische Erfahrungen seine neuen Präventions- und Heilmethoden entwickeln. Krankheiten sind nach Ansicht des Arztes und Forschers nicht das Ergebnis einer fehlerhaften Zusammensetzung von Stoffwechselregulatoren, sondern Durstsignale des Körpers. Und sie sind daher mit nichts weiterem zu behandeln als mit der äußerst wirkungsvollen „Medizin": **Reines Wasser.**

Der iranische Arzt, der kurz vor der Revolution 1979 an der Errichtung des größten medizinischen Zentrums für Familien beteiligt war, wurde von der iranischen Revolutionsregierung ins Gefängnis gesteckt, wo er der Hinrichtung nur entging, weil er als Gefängnisarzt arbeiten konnte. So entdeckte Dr. Batmanghelidj in der Gefangenschaft den medizinischen Wert des Wassers bei Magengeschwüren. Da er nicht über Medikamente verfügte, gab er einem Patienten mit starken Magenschmerzen zwei Glas Wasser zu trinken. Die Schmerzen verschwanden innerhalb von acht Minuten, und so begann in seinen Augen ein neues Zeitalter des medizinischen Fortschritts. In den darauffolgenden Monaten beschäftigte er sich mit der Erforschung der medizinischen Wirkung von Wasser zur Streßreduktion. In dem idealen „Streßlabor" des Evin-Gefängnisses behandelte er streßbedingte Beschwerden erfolgreich mit einfachem Leitungswasser. 1982 nach seiner Entlassung aus dem Gefängnis floh er in die USA, um dort seine medizinische Entdeckung unter amerikanischen Wissenschaftlern bekannt zu machen.

Die Linderung von Beschwerden schreibt Dr. Badmanghelidj weniger den eingenommenen Tabletten, als viel mehr dem sie hinunterspülenden Wasser zu. Probieren Sie es doch das nächste Mal, wenn Sie glauben, ein Antazida zu brauchen, selber aus und schlucken Sie nur das Wasser. Es ist ohnehin gefährlich, diese zur Neutralisation von Säuren eingenommenen Mittel regelmäßig zu verwenden, da sie Aluminiumsalze enthalten, die im Körper angesammelt als eine der Ursachen angesehen wird, die zu Immunschwächekrankheiten führen. Dr. Batmanghelidj legt dar, daß eine gute mit Wasser versorgte Schleimbarriere das Bikarbonat zurückhält und die Säure neutralisiert, wenn sie versucht, den Schleim zu durchdringen. Ein ausgetrockneter Körper ist anfällig für die Schwächung der Schleimschicht, welche die Säure durchläßt und folglich die Schleimhaut schädigt. Ausreichend Wasser in der Schleimschicht sorgt daher viel besser für eine gute Säurebarriere als alle bekannten Arzneien. Über 3000 Personen, die an Verdauungsbeschwerden litten, behandelte Batmanghelidj nur mit Wasser. Alle reagierten positiv auf eine Erhöhung der täglich aufgenommenen Wassermenge, und ihre mit den Schmerzen verbundenen klinischen Probleme verschwanden.

Gesundheitliche Probleme, wie Zwerchfelldurchbruch (Hiatushernie), rheumatoide Arthritis, Rücken- und Nackenschmerzen, Herzbeschwerden, Migräne, Depression, chronische Müdigkeit, Bluthochdruck, erhöhte Cholesterinwerte, Übergewicht, Asthma, Allergien, Diabetes und andere sogenannten Zivilisationserkrankungen beruhen nach Ansicht des in den USA lebenden iranischen Arztes auf einem dehydrierten körperlichen Zustand und können alle durch die Zufuhr von 6 bis 8 Glas Wasser (1 bis 2 Glas Leitungs- oder stilles Wasser 1/2 Stunde vor jeder Mahlzeit) und mit Salz geheilt werden.

Batmanghelidj äußert sich bezüglich des „Unsinns salzfreier Diäten" wie folgt: Da etwa 27 % des Salzgehaltes im Körper in Form von Kristallen in den Knochen gespeichert wird und man ja sagt, daß

Salzkristalle die Knochen hart machen sollen, könnte ein Salzmangel auch für die Entstehung der Osteoporose verantwortlich sein, denn bei einem Salzmangel im Blut wird dem Knochen Salz entzogen. Studien beweisen, daß Krebspatienten einen niedrigen Salzspiegel aufweisen. Der Autor weist darauf hin, daß bei vermehrtem Wasserkonsum besonders darauf zu achten ist, daß kein Salzverlust entsteht. Batmanghelidj ist davon überzeugt, daß die gegenwärtige Behandlungsmethode bei Hypertonie, harntreibende Mittel zu verabreichen, so falsch ist, daß sie als wissenschaftliche Absurdität gelten kann. Denn der Organismus verfügt über wasserregulierende Mechanismen und versucht, das vorhandene Wasser zu behalten. Wenn wir diesen genialen Plan der Schöpfung mit harntreibenden Mitteln durchkreuzen, bleibt dem Körper nur eine Möglichkeit, um Wasser zu sichern: Er hält Salz im Körper fest, und nur dadurch bleibt das Wasser in einem außerzellulären Flüssigkeitsspeicher. Die Speicherung von Salz im Körper für die Ursache von Hypertonie zu halten, ist demnach völlig falsch.

Batmanghelidj geht davon aus, daß Personen mit hohem Blutdruck und funktionierender Urinerzeugung keine Entwässerungsmittel benötigen, wenn sie täglich mehr Wasser trinken. Hat ein länger vorhandener Bluthochdruck aufgrund von Dehydrierung bereits zu Herzproblemen geführt, sollte die Wassermenge allmählich gesteigert werden, damit die Flüssigkeitsansammlung im Körper nicht zu stark ansteigt und Ödeme verursacht. Sollte dieser preiswerte Selbstheilungsansatz nicht einen Versuch wert sein?

Die Amerikaner haben schon lange begriffen, wie wichtig es ist, vor jeder Mahlzeit Wasser zu trinken, denn bei jedem Schnellimbiß und in jedem Restaurant wird Wasser kostenlos angeboten. Im Zug von Basel nach Frankfurt traf ich kürzlich eine Kunstsammlerin aus Minnesota, der es gesundheitlich nicht gut ging. Auf meine Frage, ob sie genügend Wasser trinke, gab sie zu, in Europa kaum Wasser getrunken zu haben. Und das ist nicht verwunderlich, denn für eine Miniflasche stilles Wasser zahlte ich im Zug DM 5.-. Wird nun vor einem Essen nicht genug Wasser getrunken, nimmt sich der Körper das für die Verdauung notwendige Naß von den Zellen, und dies führt in der mehrfachen Wiederholung zur Austrocknung des Körpers. Wer die hahnebüchenen Preise für einfaches Wasser nicht bezahlen kann oder möchte, führt am besten immer ein Faltglas und ein Fläschchen Colloidales Silber oder Grapefruitkern-Extrakt (Apotheke) mit sich. Denn ein Glas Leitungswasser kann ganz einfach mit 7 bis 10 Tropfen dieser natürlichen Antibiotika sterilisiert werden.

5. Ausreichend Schlaf und Ruhepausen sind sanfte Heiler der Natur

Gerade bei der zunehmenden alltäglichen Belastung in allen Lebensbereichen sind Entspannung, genügend Ruhepausen und ein erholsamer Schlaf wichtiger denn je. Aber der Schlaf ist nicht nur ein triebhaftes Grundbedürfnis des Menschen, wie Essen und Sexualität, er kann auch als sanfter Heiler der Natur bezeichnet werden. Denn unser Immunsystem funktioniert besser unter der Regie des parasympatischen Nervensystems. Dieser Teil des autonomen Nervensystems übernimmt im Verlauf von Entspannungsphasen, während des Meditierens, Visualisierens und Schlafens die Kontrolle über die körperlichen Funktionen. Während der Tiefschlafphase werden potente, das Immunsystem stärkende Bestandteile freigesetzt und führen zu einer erheblichen Steigerung vieler Immunfunktionen (Murray und Pizzorno 1991, S. 229). Ruhe und Schlaf stellen demnach natürliche Stärkungsmittel dar, denn während dieser Phasen, wenn also Muskeln, Nerven und Gehirn ruhen, repariert sich der Körper selber, bringt sich wieder in Schwung und bereitet sich auf neue Aktivitäten vor. Schlaf ist so lebenswichtig wie Luft, Wasser und Nahrung. Wir betrachten ihn zwar als etwas Alltägliches, lediglich als Zeit der Inaktivität, doch wehe, wenn wir nicht schlafen können, dann gibt es wohl keine Reichtümer der Welt, die wir der gesunden Nachtruhe vorziehen würden.

Am Tag, wenn wir aktiv sind, verbrauchen wir unsere Reserven, während der Schlafenszeit tanken wir wieder neue Energie, vor allem Nervenkraft auf, die Zellen werden erneuert, das Gewebe repariert, Zellen und Organe mit Nährstoffen versorgt. All das geschieht während des Schlafens ungleich schneller als im Wachzustand. Das Herz pumpt das Blut durch den Organismus, um den noch nicht ausgeschiedenen Abfall vom Vortag aufzusammeln und ihn den Ausscheidungsorganen zuzuführen, und das Gehirn sendet seine Botschaften zu Milliarden von Zellen und erhält Antworten, analysiert diese, sendet neue Botschaften und so weiter. Die Bedeutung von Schlaf und Ruhepausen kann daher nicht hoch genug eingeschätzt werden, besonders in Zeiten von körperlicher Anstrengung und Schwäche, bei Erkältungen oder während hormoneller Umstellungen.

Die meisten von uns benötigen sieben bis acht Stunden Schlaf in der Nacht, um den darauffolgenden Tag genießen zu können. Wir empfinden daher Störungen im Schlaf und Schlafentzug als großes Unbehagen, sogar als Bedrohung. Schlaf wird im Volksmund als der kleine Bruder des Todes bezeichnet, denn mit jedem Einschlafen üben wir das Sterben, das Loslassen von aller Kontrolle, allen Plänen und Aktivitäten. Wenn wir entschlummern, löst sich das Bekannte auf und wir lassen uns auf etwas Unbekanntes ein. Vom Schlaf übermannt zu werden, verlangt von uns Entsagung und Urvertrauen. Wenn wir aber, aus welchen Gründen auch immer, unter Einschlafschwierigkeiten leiden, also nicht loslassen können, sollten wir uns darüber im klaren sein, daß wir in diesem Fall absolut nichts erzwingen können. Mit Wille und Anstrengung erreichen wir gar nichts.

Wir können allerdings günstige Voraussetzungen schaffen, die zur Entspannung führen. Daß es sich hier um ein weit verbreitetes Problem handelt, zeigt sich an der Resonanz des von Dr. Herbert Benson von der Harvard Medical School 1975 veröffentlichten Buches „The Relaxation Response" (Die Wirkung der Entspannung), das in kürzester Zeit auf der Bestsellerliste zu finden war. In einfacher verständlicher Sprache pries Dr. Benson die positiven Eigenschaften der

Entspannung und bot dem Leser unkomplizierte Rezepte an, mittels derer jedermann diese Kunst erlernen konnte. Mittlerweile boomt der Markt der Entspannungsliteratur. Viele Autoren, wie Bernstein/Borkovec, Jordon, Ohm und Olschewski orientieren sich dabei an dem Verfahren der Progressiven Relaxation nach Jacobson.

Ich möchte Ihnen Gelegenheit geben, dieses vielfach wissenschaftlich und vor allem praktisch überprüfte Verfahren der progressiven Muskelentspannung selber ausprobieren zu können. Spätestens dann, wenn Sie wieder einmal im Bett liegen, den Gedankensalat schon zum x-ten Mal durchmengen und der Schlaf sich einfach nicht einstellen will. Bei dem folgenden Entspannungsverfahren handelt es sich um eine geistige wie auch um eine körperliche Übung, bei der der Reihe nach einzelne Muskelgruppen bearbeitet werden:

Konzentrieren Sie dabei Ihre ganze Aufmerksamkeit auf die gerade bearbeitete Muskelgruppe und auf das Gefühl der Anspannung und Lösung; lassen Sie nicht zu, daß Ihre Gedanken abschweifen. Jede Muskelgruppe wird zwei- bis dreimal angespannt und gelöst. Bei diesen Übungen ist es am besten, mit geschlossenen Augen flach auf dem Rücken zu liegen, die Hände an den Seiten. Beim langsamen Einatmen werden die jeweiligen Muskeln angespannt, beim Anhalten des Atems auf fünf gezählt, und beim Ausatmen die Muskeln entspannt.

Entspannungsübungen

1. Atmen Sie 8- bis 10mal langsam tief ein und ebenso langsam wieder aus.
2. Atmen Sie tief ein und ballen Sie dabei beide Fäuste, zählen Sie auf fünf, und lassen Sie beim Ausatmen wieder los. Zwei- bis dreimal wiederholen.
3. Spannen Sie während des Einatmens Ihre Bizeps an, zählen wieder auf fünf und lassen beim Ausatmen wieder los. Zwei- bis dreimal wiederholen.

4. Machen Sie nun eine kleine Pause. Konzentrieren Sie sich dabei auf das Gefühl der Entspannung, der inneren Wärme oder auf die Befriedigung, die Ihnen durch die Erholung vermittelt wird.
5. Entspannen Sie nun die Stirnmuskeln, indem Sie die Augenbrauen beim Einatmen heben, auf fünf zählen und wieder loslassen. Zweimal wiederholen.
6. Reißen Sie nun die Augen beim langsamen Einatmen weit auf und schließen Sie sie nach fünf Sekunden wieder. Zwei- bis dreimal wiederholen.
7. Spannen Sie nun die Kinnmuskeln an.
8. Machen Sie eine kurze Pause und verfahren Sie wie unter 4 beschrieben.
9. Spannen Sie jetzt die Nackenmuskeln an. Wenn es Ihnen schwer fällt, mit diesen Muskeln zu arbeiten, berühren Sie mit dem Kinn die Brust.
10. Entspannen Sie die Schulterblätter, indem Sie sie nach hinten biegen und nach fünf Sekunden wieder los lassen.
11. Schieben Sie nun die Schultern nach vorn.
12. Spannen Sie beim Einatmen die Bauchmuskeln an und lösen Sie sie nach fünf Sekunden wieder.
13. Wiederholen Sie das gleiche mit dem Schließmuskel.
14. Spannen und lösen Sie nun den Oberschenkelmuskel.
15. Spannen und lösen Sie die Zehen durch festes Zusammenrollen.
16. Strecken Sie nun die Zehen nach oben dem Körper entgegen.
17. Spannen und lösen Sie die Unterschenkelmuskeln.
18. Wenn Sie noch nicht eingeschlafen sind, konzentrieren Sie sich auf Ihren Zustand vollkommener Entspannung und genießen Sie ihn. Sie können sich ein wenig strecken und räkeln.

Im Winter beginne ich diese Übungen oft mit den Zehen, damit die Füße gleich warm werden. Es kommt nicht so sehr darauf an, wie man anfängt, wichtig ist, daß alle Muskelgruppen bearbeitet werden und im Gleichklang mit den Übungen geatmet wird.

Auch kurze Ruhephasen sind Perioden der Inaktivität, während derer sich der Körper regenerieren kann. Wenn sich also etwa durch ein üppiges Mahl unsere Energien schneller verbraucht haben als sie wieder aufgefüllt werden können, hilft dem Körper eine Phase der Inaktivität, um den Verlust wieder auszugleichen. Bei einer Freundin kann ich dieses Kurzzeitauftanken des öfteren beobachten. Nicht selten sitzt sie mit ihren Gästen bis in den Morgen hinein am Tisch, aber ihr Körper verlangt nach Ruhe. Während eines Gesprächs in der Runde fallen ihr daher zeitweise die Augen zu, aber etwas später beteiligt sie sich wieder am Gespräch, um nach 15 bis 20 Minuten wieder für 2 bis 3 Minuten abzuschalten. Die Augen zehren eine ganze Menge Energie auf, und das Schließen der Augen bedeutet ein sensorisches Ausruhen. Ebenso kann man sich gefühlsmäßig ausruhen. So läuft bei meinen Eltern oft der Fernseher, und wenn ich mich nicht am Horror der Welt beteiligen will, kann ich mich emotional zurückziehen, indem ich schreckliche Ereignisse gefühlsmäßig nicht an mich heranlasse. Eine weitere Art, uns auszuruhen, um uns energetisch wieder auffüllen und erfrischen zu können, ist die mentale Pause, bei der wir unseren Geist von jeglichen intellektuellen Anforderungen und Tätigkeiten lösen.

In unserer schnellebigen, erfolgsorientierten Kultur mag das früher übliche Mittagsschläfchen inzwischen verpönt sein. Doch vom körperlichen Standpunkt ist das kurze Nickerchen, zusammen mit dem morgendlichen Obstfasten, die Regenerations- und Verjüngungskur schlechthin. Wer kennt sie nicht, die übliche Müdigkeit, nach einem säurebildenden Essen mit Fleisch und Kartoffeln bzw. Nudeln oder einer Pizza? In südlichen Ländern ist die mittägliche Ruhepause, die Siesta, etwas Selbstverständliches. Und was machen wir? Anstatt unserem Körper Ruhe zu gönnen, putschen wir ihn gewöhnlich mit einer säurebildenden Tasse Kaffee auf, wodurch wir unser Blut noch mehr verdicken und das Herz sowie den Kreislauf belasten. Der Verdauungsprozeß ist ein mühsames Stück Arbeit für den Organismus, und wenn wir uns schon unvernünftig ernähren, sollten wir unserem Körper eine kleine Ruhepause gönnen und uns einfach ein Viertelstündchen aufs Ohr legen. Nur mal kurz abschalten. Das erfrischt und regt zu neuen Taten an. Albert Einstein jedenfalls konnte den vollen Nutzen aus seinen gewohnheitsmäßigen Nickerchen ziehen.

6. Freudvolles Schaffen im Traumberuf

Der Berieselung durch die Medien ist kaum noch zu entkommen. Seit der Mechanisierung unserer Umwelt verfolgt uns die Informationsflut in Bild und Ton überall und jederzeit. Die moderne Musik peitscht unsere Nerven zuweilen und macht uns stumpf für das musikalische Erleben. Horrornachrichten und Gewaltfilme wirken sich negativ auf das Immunsystem aus. Durch das pausenlose Umschalten von einer Sendung zur anderen stumpfen wir derart ab, daß wir schon gar nicht mehr wissen, was wir eigentlich wirklich selber gern tun würden. Dieses Erleben aus zweiter Hand, dieses Konsumverhalten jeden Abend vor der Glotze, kann doch auf Dauer keine freudvolle Beschäftigung sein. Womit haben wir uns denn vor der Erfindung des Fernsehers beschäftigt? Ich kann mich an Federball- und Tischtennisspiel erinnern, ans Flanieren durch die Gassen auf der Suche nach Freunden, an Seifenkisten bauen und Rennen damit fahren, an Theateraufführungen auf selbsterrichteten Bühnen, ans Bolzen auf der „Dottelwiese", an Picknicks im Grünen, Singen am Lagerfeuer. Wir hatten ganz schön viel Spaß ohne die Flimmerkiste. Und besonders viel zum Lachen gab es bei unseren artistischen Aufführungen.

Die Frage nach der Beschäftigung, die wir am liebsten ausführen würden, ist besonders wichtig, nicht nur, wenn es um die Freizeit geht, sondern vor allem bei Arbeit und Beruf. Ist das, was wir tun, wirklich das, wozu wir uns berufen fühlen? Haben Sie sich Ihren Traumberuf ausgesucht? Nein? Dann haben Sie das, was Ihnen zusteht, nicht realisiert. Aber was nicht ist, kann morgen schon werden. Auch ich habe sieben Jahre lang vierzig Stunden in der Woche gearbeitet und mich immer mehr auf den Feierabend und die freien Tage gefreut als auf die Arbeit und fühlte mich körperlich und geistig unterfordert. Denn nach der Lehre saß ich fast den ganzen Tag und mußte auch die grauen Zellen kaum bemühen.

Meine daraufhin folgenden Studienzeiten an Fachhochschule, Universität und College hatte ich zwar genossen, aber da ich bei der Auswahl meiner Studienfächer von anderen Motiven als vom Talent oder von der Berufung geleitet wurde, war es mir auch nie pressant, eine Stelle zu ergattern. Im „Land der unbegrenzten Möglichkeiten" lernte ich dann, daß man besser nur das tut, was einem auch wirklich Freude bereitet, das Geld würde dann irgendwann von alleine folgen. Vor allem lernte ich in den USA Dankbarkeit. Die Amerikaner sind so dankbar für das, was sie haben. Meine US-Freundin, die mich kürzlich besuchte, staunte über den Prunk in diesem unserem Lande, vor allem darüber, daß es kaum alte Autos gibt. Das kommt daher, daß Deutsche nicht für so wenig Geld arbeiten, wie Amerikaner. Die geringe Arbeitslosenrate der USA beruht darauf, daß viele US-Bürger für 5 bis 8 Dollar pro Stunde und in mehreren Jobs arbeiten; ein neues Auto springt dabei kaum heraus.

Aber zurück zur Dankbarkeit, für mich war der Aufenthalt in den USA ein Kurs in Liebe und Dankbarkeit. Vor allem lernte ich, mich selber zu lieben. Frauen haben in dieser Beziehung offenbar ein echtes Manko. Denn mehr als die Hälfte der in 21 Ländern anläßlich des Valentinstags 1998 befragten 6123 Frauen des „Cora Romance Reports" gaben an, Mußestunden für sich selbst zu vermissen. Dies beruht ganz offensichtlich auf einem Mangel an Selbstachtung und -liebe, denn wenn wir uns nicht mehr Zeit nehmen, um sie unseren eigenen Bedürfnissen zu widmen, tun wir so, als ob wir es nicht wert sind. Diese eigene Mißachtung unserer Bedürfnisse im Zusammenhang mit verbalen Bekundungen bezüglich der uns über den Kopf wachsenden Arbeit durch Haushalt, Beruf und Kinder, signalisiert nicht nur uns einen Mangel an Liebe und Achtung, sondern dieses Gefühl des mangelnden Respekts überträgt sich auch auf den Partner, und wir manifestieren damit den Status quo.

Das heißt, wir machen uns selbst zu dem, was wir sind. Wertschätzung, Liebe und Dankbarkeit sind der Dünger für unseren Lebensbaum. Sie regen Gesundheit und Wachstum an und senden positive Schwingungen in die Atmosphäre hinaus, worauf das Universum mit Wohlwollen und gütiger Zuwendung antwortet. Das All bietet alles in Hülle und Fülle. Und unser Leben ist Teil dieser Reichhaltigkeit.

Genau so habe ich mir meinen Beruf herbeigesehnt. Unsere Wünsche werden zuerst im Bewußtsein erfüllt und treten dann in die äußere Welt hinaus. Wir müssen uns völlig klar darüber sein, was wir wirklich wollen. Wenn wir anfangen, stundenweise unserem Hobby nachzugehen, sollten wir immer den Gedanken im Hinterkopf haben, unseren Lebensunterhalt damit aufzubessern oder sogar irgendwann ganz zu bestreiten. Es ist ein allgemein anerkanntes Prinzip, daß wir das anziehen, worauf wir uns konzentrieren. Joseph Murphy, Shakti Gawain, und viele andere Autoren verdeutlichen, daß wir unsere Realität selber kreieren, indem wir das, was wir tun wollen, visualisieren. Nur, was ist mit denen, die gar nicht wissen, womit sie sich am liebsten beschäftigen, die keine Hobbys pflegen? Für jene empfehle ich, sich erst einmal gedanklich mit ihrer Kindheit auseinanderzusetzen, um herauszufinden, was und womit sie am liebsten gespielt hatten.

Da wir immer am besten am Beispiel lernen, möchte ich Ihnen die anziehenden Kräfte des Universums anhand meiner eigenen Erfahrungen, denen meines Bruders und zweier Freundinnen verdeutlichen:

Offenbar aufgrund eines starken Mitteilungsdrangs sprach ich mit einem Dreivierteljahr schon im Satz und entwickelte bereits im Vorschulalter eine Vorliebe für das geschriebene Wort. Ich las alles, was mir zwischen die Finger kam. Später schrieb ich Gedichte und pflegte einen regen Briefwechsel mit Freunden aus aller Welt. Auch während meiner diversen Hochschulausbildungen hatte ich viel Gelegenheit, mich meinen Vorlieben lesend und schreibend hinzugeben. Vor ein paar Jahren fing ich an, mich mit dem seelisch-geistigen Aspekt unseres Seins zu beschäftigen. Irgendwo las ich, daß ein erfülltes Leben bedeutet, in körperlich-seelischem Gleichgewicht zu leben, sein volles Potential zu erreichen und dabei einen wertvollen Beitrag für die Welt zu leisten.

Dies war mein Weckruf. Bisher hatte mein Lernen an den verschiedenen Akademien kaum irgendwelche Früchte getragen oder jemandem genützt, wenn man von einigen therapeutischen und Beratungsbemühungen in Familien, Erziehungsberatungsstellen und von der freiwilligen Arbeit mit Kindern im Krankenhaus und in der AIDS-Hilfegruppe absieht. Wie, fragte ich mich, kann ich nun der Welt dienen, ohne meine Vorlieben aufgeben zu müssen? Die Konsequenz war, Autorin zu werden. Schon öfter hatte ich mich mit diesem Gedanken befaßt, ihn aber gleich wieder verdrängt, weil ich annahm, nicht gut genug zu sein. Doch dann hörte ich ständig den Ausspruch „do what you love to do and the money will follow" („Tue was du gerne tust und das Geld wird folgen") und mir wurde klar, daß meine Angst zu versagen absolut ungerechtfertigt war.

Alles, was ich bisher in beruflicher Hinsicht getan hatte, konnte sich sehen lassen. Ich habe mich zur Arzthelferin ausbilden lassen, schaffte die Prüfung mit dem zweitbesten Ergebnis meiner Jahrgangsklasse von über siebzig jungen Mädchen und Frauen. Die Beste war jung verheiratet und bekam in jedem der zwei Ausbildungsjahre ein Kind. Mit so viel Praxiserfahrung konnte ich nicht dienen. Meine nächste Station nach vier Jahren Krankenhausarbeit war die Ausbildungsabteilung einer Nobelbank. Ich fing als Phonotypistin in der Bibliothek an und endete kurze Zeit später als Sekretärin im Vorzimmer eines Direktors. Nachdem ich mich ein Jahr lang in die pädagogische und psychologische Literatur eingelesen hatte, fing ich ein Studium an der Fachhochschule für Sozialpädagogik an und immatrikulierte später an der Johann-Wolfgang-von-Goethe-Universität, um Psychologie zu studieren. Mein Diplom als Pädagogin schaffte ich cum laude (da ich mich verspätet anmeldete und im Fachbereich Psychologie keine Studienplätze frei waren, studierte ich offiziell Diplompädagogik, belegte aber vorwiegend Psychologiefächer). Fünfzehn Jahre später promovierte ich nach einem ernährungswissenschaftlichen Studium mit dem Ergebnis summa cum laude.

Ich sagte mir daher, wenn ich in Disziplinen, die mich nur interessierten, nicht versagte, warum sollte ich es bei einer Arbeit tun, die ich wirklich mit Lust und Liebe durchführe? Dabei muß ich an meinen Grundschullehrer Hofmann denken: In der vierten Klasse wurden wir ein paar Tage lang getestet, ob wir reif genug seien, die höhere Schullaufbahn einzuschlagen. Während dieser „Reifeprüfung" stellte er uns genau diese Frage nach der Berufung und danach, welche Voraussetzungen für die Auswahl einer Arbeit gegeben sein müßten. Ich war damals diejenige, die diese Frage beantwortete. In der Theorie hatte ich es also schon begriffen, in der Praxis hat es fast vierzig Jahre gedauert.

Ein anderes Beispiel, das Hobby zum Beruf zu machen, bietet mein Bruder, dem ich zu seinem 50. Geburtstag ein Buch schrieb, in dem auch dieses Kapitel zur Sprache kommt. Seit seiner frühen Jugend war er Handballer und diesem Sport hat er sich mit Leib und Seele verschrieben. Fast 50jährig wurde er noch als bester Torwart des Kreises geehrt. Wenige Monate nach der Lektüre meines Buches und dem Kapitel, das herausarbeitet, wie wichtig es ist, das zu tun, was einem Spaß macht, und das Geld wird dann schon kommen, wurde meinem Bruder eine bezahlte Trainerstelle in einer Odenwaldgemeinde angeboten. In der Zwischenzeit hat er die Handballmannschaft schon in eine höhere Klasse trainiert.

Unsere indische Freundin Mandira, die derzeit als Kinderärztin in einem Krankenhaus in San Francisco arbeitet, stellt ebenso ein Musterbeispiel dar. Sie hat sich schon als kleines Mädchen auf ihren Beruf eingestellt. Während der fünf Jahre, in denen wir gemeinsam in Frankfurt lebten, hatte sie immer wieder davon gesprochen, Kinderärztin zu werden und sich gedanklich damit auseinandergesetzt, wie sie mit den kranken Kindern arbeitet. Ich malte der damals Neunjährigen sogar eine Situation im Krankenhaus, die sie als Ärztin mit einem Patienten zeigt, in ihr Poesiealbum.

Ein weiterer Beleg dafür, dåß man etwas nur wirklich wollen und auch kundtun muß, liefert eine mütterliche Freundin. Als heimatvertriebene Schwesternschülerin, die früh geheiratet hatte, war es immer ihr sehnlichster Wunsch, einen Beruf auszuüben, bei dem sie Menschen helfen kann.

Als ihre beiden Söhne die Mutter kaum noch brauchten, wurde ihr wegen eines gesundheitlichen Problems ein Heilpraktiker empfohlen. Sie ging zu ihm, er hatte viel Betrieb in der Praxis, die er allein mit seiner Mutter führte. Meine Bekannte sagte im Beisein des Heilpraktikers ganz spontan, er hätte ja so viel Arbeit, da fange sie wohl am besten gleich bei ihm an. Als sie das nächste Mal die Praxis besuchte, teilte ihr der Naturheilkundige mit, er habe es sich überlegt, sie könne dreimal wöchentlich bei ihm arbeiten. Er würde sie außerdem auf die Heilpraktiker-Prüfung vorbereiten. Das war vor über zwanzig Jahren. Schon lange führt meine Bekannte eine eigene Praxis und kümmert sich noch immer dreimal wöchentlich um ihre Patienten.

Wenn wir etwas wirklich wollen und uns unaufhörlich gedanklich mit unseren Wünschen beschäftigen, ergreifen wir jede uns gebotene Gelegenheit, die uns zu unserem Ziel führt. Unsere geistigen Begleiter warten doch nur darauf, uns einen Gefallen zu tun; klopfet an!

7. Die Hinwendung zum Seelisch-Geistigen erfüllt unser Leben

Entdecke Deinen inneren Meister und Heiler und mache es der Raupe nach. Frage nicht und kämpfe nicht um die alte Form. Wende Dich an die Kräfte des Lichts. Mache diesen Quantensprung in Vertrauen, und werde einfach ein schöner Schmetterling.

Auf Deinem Weg zur Erkenntnis des Wunders Deines wahren Potentials wünsche ich Dir alles Gute.

Die Heilkraft positiver Gedanken nutzen

Die Umwandlung negativer in positive Gedankenmuster ist die erste Vorbedingung für jegliche Heilung. Denn negative Gedanken beschwören negative Vorstellungen herauf und diese verursachen negative Gefühle. Besser, wir lassen es gar nicht erst soweit kommen und gebieten den negativen Gedanken schon auf der mentalen Ebene Einhalt. Somit schützen wir uns vor negativen Gefühlen, die emotionale Verkrampfungen und auf der körperlichen Ebene Angst auslösen. Wenn wir einen sich anschleichenden negativen Gedanken sofort auslöschen und wegschicken und damit neutralisieren, wird eine emotionale Reaktion verhindert, die später eine körperliche Reaktion zur Folge haben könnte.

Die Psychoneuroimmunologie zeigt auf, daß Gefühle, Erwartungen und Interpretationen eine tiefgreifende Wirkung auf die Funktionsweise des Körpers haben. Personen, die sich zynisch oder feindselig verhalten, leiden eher an Herzinfarkten und Arteriosklerose. Jene, die sich hoffnungslos darstellen und unfähig sind, Wut, Angst und andere negativen Emotionen auszudrücken, haben ebenfalls ein höheres Risiko, an Herzinfarkten, Arteriosklerose, Krebs, rheumatischer Arthritis, Asthma und anderen Funktionsstörungen zu erkranken. Wenn uns jeglicher Kleinkram aus der Fassung bringt und wir uns gedanklich mit den negativen Dingen in unserem Leben befassen, manövrieren wir uns in eine Opferrolle, die zu Hilflosigkeit, Immunschwäche und Krankheit führt. Und wenn es dann mit unserer Gesundheit rapide bergab geht, fühlen wir uns betrogen und neiden es den anderen, daß sie es sich gutgehen lassen. Negative Gefühle und Perspektivlosigkeit bringen uns immer weiter nach unten.

Doch halt! Selbst an diesem aussichtslos erscheinenden Punkt können wir etwas bewirken. Von einem Augenblick zum anderen können wir eine Wende zum Guten einleiten, indem wir bewußt unsere Wahrnehmung ändern. Konzentrieren wir uns nicht mehr auf das, was in unserem Leben nicht stimmt, sondern beginnen wir, das Positive zu erkennen! Die zahllosen Momente eines Tages würdigen und dankbar sein für alles, was sich in unserem Leben ereignet, hilft unserem Immunsystem. Freuen wir uns an den kleinen Dingen, am Lachen der Kinder, den vorbeiziehenden Wolkenfeldern, den Pflanzen und Tieren und erkennen wir so unseren Platz im Universum. Wir müssen weder streben, noch kämpfen, noch suchen. Wir sind doch schon alles. Wir müssen uns nicht ändern, wir müssen andere nicht ändern, wir müssen nichts ändern. Wenn wir ohne zu urteilen einfach alles geschehen lassen, werden wir bald von einer Ruhe und Harmonie durchdrungen sein, von einem inneren Frieden. Diese Aura der Zufriedenheit überträgt sich auf andere. Wir sind uns selbst wieder wohlgesinnt und gehen froh und dankbar durchs Leben.

Wenn uns jeder Atemzug, der unsere Zellen erfrischt, jedes uns geschenkte Lächeln, jedes Vogelgezwitscher und jeder Sonnenuntergang mit positiven, heilenden Gedanken erfüllt, setzen diese Gefühle der Dankbarkeit im ganzen Körper Endorphine frei. Diese morphinähnlichen Proteine führen dazu, daß wir schmerzfrei und stimmungsaufgehellt, körperlich, seelisch und geistig im Gleichgewicht leben und daher auch wieder gesund werden. Auch wenn es nicht immer leicht sein wird, uns für die oft grausamen Prüfungen des Lebens zu bedanken, werden wir doch mit der Zeit an vergangenem Leid lernen und reifen. Denn im Nachhinein können wir doch feststellen, daß die sogenannten Mißgeschicke und Tiefschläge gerade gut für uns waren. Im Grunde haben wir sie uns ja auch selbst verordnet, damit sie uns aufrütteln und unsere Weisheit vertiefen.

Wenn wir unsere sogenannten Probleme gar nicht als solche betrachten, werden wir auch keine mehr haben. Also können wir für alles, was kommt, dankbar sein. Wenn Ihr Inneres von diesen Ausführungen angesprochen ist, sich aber das Gefühl, von Dankbarkeit erfüllt zu sein, bei Ihnen nicht so recht einstellen will, dann lesen Sie das Buch einer Frau, die mich persönlich sehr beeindruckt hat. Die Erfolgsautorin Louise L. Hay, die ich im Rahmen der von ihr gegründeten AIDS-Hilfegruppe in West Hollywood kennenlernen durfte, hat dieses Buch „Dankbarkeit erfüllt mein Leben" zusammen mit ihren vielen Freunden verfaßt. Louise gehört zu jenen wunderbaren Personen, die mich in meiner Arbeit ganz besonders inspiriert haben. Sollte das Buch vergriffen sein, wenden Sie sich vertrauensvoll dem folgenden Lehrgang zu, der sich an das Werk anlehnt.

Ein Kurs in Liebe und Dankbarkeit

Wie schon in den vorangegangenen Kapiteln angesprochen, wirkt sich eine dankbare Einstellung positiv auf unser Immunsystem aus. Sie wirkt aber auch auf natürliche Weise anziehend und hat die Kraft, Schwierigkeiten in Möglichkeiten zu verwandeln und Verluste in Gewinne. Wenn wir davon ausgehen, daß alles, was uns widerfährt, eine Lehre ist, von der unser Schöpfer will, daß wir sie annehmen, müßte unser Gebet nur aus einem Wort bestehen: „Danke".

Dankbarkeit lernen wir mit den einfachsten Übungen. Eine davon ist, am Abend eines jeden Tages eine DIN-A4-Seite mit all den Dingen zu füllen, die uns während des Tages widerfahren sind, für die wir danken können. Zunächst mag es uns schwerfallen, alle Segnungen unseres Lebens zu erkennen und es wird dauern, bis das Blatt mit wertvollen Ereignissen ganz gefüllt ist.

Wenn wir uns regelmäßig die Zeit nehmen, die zahllosen Momente eines Tages wahrzunehmen und zu würdigen, werden wir uns bald der Fülle unseres Selbst und des Universums bewußt. Wenn wir alle unsere Segnungen aufzählen, stellen wir fest, wie sich unsere Stimmung hebt und wie die Energie der Dankbarkeit und Liebe uns zum Positiven verändert.

Wir erkennen, daß, im materiellen Sinne viel oder wenig zu besitzen, nichts mit der Fülle in unserem Leben zu tun hat. Wir bekommen ein Gefühl dafür, wer wir wirklich sind, und unsere zwanghaften Verhaltensweisen und vorübergehenden Bedürfnisse verblassen. Wir brauchen keine Drogen, keinen Alkohol, keinen Tabak und keine Süßigkeiten mehr, weil kein Gefühl des Mangels auftritt. In der Folge verlieren wir an Gewicht und gewinnen unsere Gesundheit zurück, indem sich unser Immunsystem langsam regeneriert.

Und falls Sie noch mehr Beweise wollen, daß Liebe und Dankbarkeit das Immunsystem stärken, so kann David C. McClelland, Harvard-Psychologe, damit dienen. Er hat nämlich die Physiologie der Liebe auf die Probe gestellt. Eine Gruppe von Personen sah einen Kurzfilm von Mutter Teresa bei ihrer täglichen Arbeit, wie sie sich um Kranke und um verlassene Kinder kümmerte. Der Film stellte förmlich ein Überfließen intensivster Liebe dar. Während die Zuschauer den Film anschauten, stellte McClelland im Speichel der Individuen fest, daß sich die für die immunologische Abwehr an den Mundschleimhautoberflächen bedeutenden Antikörper und die Immunglobuline sIgA vermehrten. Diese Antikörper neutralisieren Viren und Toxine und agglutimieren (verklumpen) Bakterien und einzelne Antigene. Sie befinden sich in den Schleimsekreten (Speichel, Tränen, Nasen-/Rachenraum- sowie intestinalen und urogenitalen Sekreten). Wenn ein hoher sIgA-Wert im Speichel gemessen wird, deutet das auf eine hohe Immunreaktion hin.

Eine hohe Immunreaktion ist übrigens auch charakteristisch für frisch Verliebte, und die Amerikaner sagen, daß man sich verlieben muß, wenn man sich keinen Schnupfen holen will. Also worauf warten Sie?

Vielleicht probieren sie das Liebesbarometer erst einmal an einem lustigen kleinen Vierbeiner aus. Denn, wer sich einen treuen Begleiter für ausgedehnte Spaziergänge oder ein herziges Samtpfotenwesen ins Haus holt, hat besonders viele Gelegenheiten, Gefühle der Liebe, Zuneigung und Dankbarkeit auszutauschen. Auch wenn viel vor Parasitenübertragungen gewarnt wird, sind Haustierhalter in der Regel gesünder und leben länger.

Vielleicht fangen wir mit der Kunst des Liebens am besten gleich bei uns selber an. Erich Fromm sieht die Wünsche und Bedürfnisse des einzelnen immer im Kontext zwischenmenschlicher Beziehungen. Liebe definiert er als ein Streben und eine innere Verbundenheit, deren Ziel Glück, Wachstum und Freiheit des Liebesobjekts ist. H.S. Sullivan bezeichnet Liebe als eine Situation, in der die Zufriedenstellung des Liebenden genauso wichtig ist, wie die des Geliebten. Aber wie können wir unseren Partner respektieren und lieben, wenn wir es nicht einmal schaffen, uns selbst zufriedenzustellen? Uns selbst zu lieben, hat nichts mit Selbstsucht zu tun. Denn das, was wir in einer Person (auch in uns selbst) lieben, stellt eine Verkörperung besonderer menschlicher Qualität dar. Die Liebe, die wir einer Person (auch uns selbst) entgegenbringen, schließt die Liebe für den Menschen als solchen mit ein. In diesem Sinne sind wir – wie auch jede andere Person – auch selbst ein Objekt unserer Liebe.

Wie lernen wir nun, Liebe und Zuwendung, diese das Immunsystem stärkenden und den Heilungsprozeß beschleunigenden Kräfte, zu geben und zu empfangen? Die Zauberformel heißt Dankbarkeit. Ob Sie es nun glauben oder nicht, wenn Sie jeden Tag dankbar sind für das, was Sie haben, bekommen Sie immer mehr. Wenn Sie es nicht für möglich halten, probieren Sie es einfach einmal aus. Selbst wenn ständig eine dunkle Wolke über Ihnen zu schweben scheint, die immer bereit ist, ihr unheilvolles Grauen über Sie zu ergießen, fangen Sie sofort an, in Ihrer Traurigkeit darüber nachzudenken, wieviel Gutes Sie doch haben.

Schöpferische Imagination programmiert unsere Entwicklung

Wir realisieren, was wir uns vorstellen. Oder, durch Immaginieren programmieren wir unsere Wirklichkeit um. Wir schaffen neue Realitäten auf der mentalen Ebene, die später auf die physische Wirklichkeit übertragen werden.

Ein Weg, wie wir die ausgetretenen Pfade verlassen und unser Leben bewußter und reflektierter führen, ist das schöpferische Arbeiten mit dem Tagebuch. Zusätzlich können wir eine Wunschliste erstellen und diese jeden Tag oder wöchentlich überprüfen, erneuern, erweitern und erfüllte Wünsche durch neue ersetzen. Mit der Wunschliste beeinflussen wir unser Leben mehr, als wenn wir einfach nur so in den Tag hineinleben und auf die Ereignisse warten, die auf uns zukommen. Wenn wir alles, was wir erreichen wollen, immer wieder visualisieren, programmieren wir quasi unsere Entwicklung. Meine Wunschliste enthielt jeweils zehn illusionäre Wünsche, Vorsätze und Bestrebungen; ich brauchte sie allerdings nur so lange, bis mir auf einmal ganz klar war, was ich wirklich wollte, nämlich lesen und schreiben; die Dinge, mit denen ich mich auch schon als Kind am liebsten beschäftigte.

Die Ziele unserer Träume müssen allerdings nicht nur beruflicher Art sein, sondern können den ganzen Lebensbereich umfassen. Möglichkeiten, das Leben positiv zu gestalten sind beispielsweise, sich seine Traumfigur immer wieder vorzustellen, sich durch Einbildung eine Krankheit auszutreiben, eine Reise zu planen, einen Umzug in eine schönere Wohnung oder in ein Haus ins Auge zu fassen, einen Garten mit Gemüse anzulegen oder sich einen Vierbeiner zum Spazierengehen anzuschaffen. Zum Beispiel stelle ich mir vor, daß ich irgendwann einmal einen schwarzen Labrador haben werde – zur Not tut es auch irgendeine liebe Promenadenmischung, die soll pflegeleichter und treuer sein. Mein Lebensgefährte denkt, ein Hund sei eine zu große Verantwortung, vor allem weil wir so viel reisen. Deshalb habe ich meinen Wunsch verschoben. Es stimmt mich jedoch heiter, wenn ich an das glänzende schwarze Fell und das liebe Wesen meines künftigen Kameraden denke und mir vorstelle, was ich mit ihm unternehmen werde.

Im Grunde ist das Visualisieren eines Zieles das, was dem Leben Sinn gibt, nicht dessen endgültige Verwirklichung. Es kann natürlich auch vorkommen, daß man mitten in der Verwirklichung steckenbleibt, sei es, weil sich die Lebensumstände oder die Bedürfnisse geändert haben oder sich das Ziel als nicht realisierbar herausstellt. Dann wendet man sich am besten sofort davon ab und sucht sich gleich wieder einen neuen Visierpunkt.

Der Sport bietet übrigens rasch überprüfbare Beispiele, wie wir durch unsere schöpferische Phantasie auch unsere körperlichen Leistungen verbessern können. Wer nämlich im Geist trainiert, ob das im Tennis, Golf oder Handball ist, erzielt nahezu dieselben Verbesserungen, wie der körperlich Trainierende. Jeder kann das selber bei sich feststellen. Wenn Sie beispielsweise eine Golfverabredung haben, stellen Sie sich eine halbe Stunde lang vor, wie Sie den Schwung durchführen, wie die Bälle im hohen Bogen auf dem Grün landen und wie Sie mit einem sicheren Schlag den Ball ins Loch befördern. Sie werden merken, daß jedesmal wenn Sie diese Vorstellungsübungen machen, Ihr Spiel danach besser sein wird.

Die körperliche Beeinflussung durch den Geist wurde auch wissenschaftlich durch ein Experiment mit Basketballspielern bewiesen. Ein Drittel der Ballsportler trainierte täglich eine Stunde lang. Ein zweites Drittel trainierte nur mental: Die Spieler stellten sich vor, wie sie Bälle in den Korb werfen. Die dritte Gruppe bereitete sich überhaupt nicht vor. Das Ergebnis war, daß die körperlich trainierenden Sportler ihre Trefferquote um 24 % verbesserten, die in der Vorstellung Übenden um 23 %, während die Unvorbereiteten keine Verbesserung verzeichnen konnten.

Wer keinen Sport treibt und sich dennoch davon überzeugen will, daß der Geist unseren Körper beeinflußt, kann ein einfaches Experiment durchführen: Egal wie miesepetrig das Wetter und wie schlecht unsere Laune ist, wir zwingen uns, ganz laut zu lachen. Zwischendurch singen wir oder sagen, wie schön doch die Regentropfen ans Fenster klopfen oder die dicken Wolken so wunderschöne phantasieanregende Gebilde darstellen. Schon nach etwa zehn Minuten können wir feststellen, daß wir ausgeglichener sind und die Atmung langsamer wird. Im Zuge der Entspannung lassen etwaige Angstgefühle und emotionale Erregungen nach, Blutdruck und Pulsfrequenz sinken, die Hormonproduktion reguliert, die Darmperistaltik normalisiert sich und die Pupillen werden kleiner. Wir können mit dieser schauspielerischen Leistung unseren Körper übertölpeln und ihn durch ein So-tun-als-ob in einen entspannten Zustand manövrieren. Durch diese Übungen läßt sich das Wesentliche unserer Existenz erkennen: Wir sind nicht unser Körper, sondern die den Körper treibende Energie. Nutzen wir also diese Kraft!

So wie wir mit dieser letzten Übung grundsätzlich etwas für unsere Gesundheit tun können, indem wir durch unsere positiven Phantasien unsere körpereigenen Abwehrkräfte stärken, können wir auch ganz gezielt durch das Visualisieren des erfolgreichen Abwehrkampfes unserer Immunzellen Einfluß auf unsere Heilung nehmen. Dafür ist es notwendig, daß wir uns ein Bild von den einzelnen Abwehrzellen machen können. Am besten wird es sein, von einem speziellen Buch oder Lexikon die einzelnen weißen Blutkörperchen in Farbe in ein Heft zu übertragen, so daß man sie immer bei der Hand hat. Wenn wir zum Beispiel an einer Entzündung leiden, die durch Bakterien oder andere in unseren Körper eindringende Mikroben oder Fremdkörper hervorgerufen wurde, stellen wir uns den inneren Abwehrkampf in allen Einzelheiten vor: wie sich die weißen Blutkörperchen vermehren und wie die Phagozytose, also die Vernichtung und Verstoffwechslung von Fremdkörpern, vor allem durch Makrophagen (große Freßzellen), vor sich geht; wie sich die Zellmembran einstülpt und die Fremdkörper in das Zellinnere aufgenommen werden (siehe Kapitel „Wie funktioniert das Immunsystem?“).

Wer mit der östlichen Philosophie vertraut ist oder eine Erweiterung des Bewußtseins anstrebt, mag das Kreieren von Wunschvorstellungen als zielorientiertes Handeln ablehnen oder sich zumindest in einem Zwiespalt befinden, da ein scheinbarer Widerspruch zur buddhistischen Lehre von der Loslösung von irdischen Bindungen existiert. Aber ist die Zielsetzung und die Verwirklichung dessen, was man sich vorgenommen hat, tatsächlich unvereinbar mit dem Loslassen allen Verhaftetseins an Dinge und Wünsche? Kann es nicht sein, daß wir erst bereit sind loszulassen, nachdem wir unseren Platz im Universum erkannt haben? Wenn wir erkennen, was unsere Berufung ist, verblassen alle Wunschträume sowieso.

Wenn mich beispielsweise der Prozeß des Schreibens inspiriert, befriedigt und befreit, bin ich, wie es so schön heißt, wunschlos glücklich. Und wenn ich davon überzeugt bin, daß ich mit den Büchern meinen Mitmenschen helfen kann, auch ein Stück unabhängiger und zuversichtlicher zu werden, ist es ja auch okay, mir gewünscht zu haben, einen Verleger zu finden und meinen Lebensunterhalt als Autorin zu verdienen. Vor etwa drei Jahren fing ich an, Bücher zu schreiben, mich als Autorin darzustellen und wie eine zu fühlen, Seminare für Schriftsteller und Drehbuchautoren zu besuchen und mir Situationen vorzustellen, in denen ich meine Werke signiere und sie meinen Freunden schenke. Mittlerweile bin auch ich zum lebenden Beweis dafür geworden, daß die schöpferische Imagination tatsächlich funktioniert.

Wie auch immer wir uns verwirklichen wollen, durch Arbeit und Liebe oder auch nicht, denn im Grunde sind wir ja schon alle verwirklicht. Wichtig ist, daß wir uns gut fühlen, ob wir etwas tun oder ob wir nur Beobachter sind. Wenn wir neben unseren Wünschen, uns in freudvollen Beschäftigungen zu verwirklichen, gleichzeitig das Bewußtsein haben, auch ohne etwas zu tun, total in Ordnung zu sein und uns vollkommen zu fühlen, einfach weil wir nur da sind, dann sind wir frei. Wir selbst! Es ist nicht ganz einfach, herauszufinden, wer wir selber sind. Denn alle Eltern projizieren ihre Träume und

Ängste auf ihre Kinder. Zu ergründen, wer wir wirklich sind, heißt herauszufinden, woher die ehrgeizigen Bemühungen oder Ängste kommen. Sind es die Träume und Ängste unserer Eltern, die wie ein Vermächtnis auf uns übergegangen sind, die wir verinnerlicht haben und mit denen wir nun kämpfen, als ob es unsere eigenen wären? Wir werden mitunter erst gesund, wenn wir dieses Gepäck, das wir oft jahrzehntelang mit uns herumschleppen, diesen überflüssigen Ballast der Vergangenheit, abwerfen.

Die Überwindung der Angst macht uns frei

Genauso wie Haßgefühle, Wut, Neid und Vorurteile ist auch die Angst ein Faktor, der mit der Schwächung des Immunsystems einhergeht. Die Angst vor dem Neuen, dem Ungewissen ist weit verbreitet. Zuerst haben wir Angst vor dem Erwachsenwerden, dann vor dem Leben überhaupt und ständig die Angst vor dem Versagen. Wenn wir uns endlich eine gewisse Selbstsicherheit angeeignet haben, überfällt uns die Angst vorm Altwerden. Doch vor allem fürchten wir uns vor dem Tod. Da auch viele Gläubige Angst vorm Sterben haben, Angst vor dem Unbekannten und der Veränderung, scheint sie etwas Inneres zu sein und mit der Wirklichkeit nichts zu tun zu haben. Alles verändert sich, aber wir bleiben; unsere körperliche Hülle verfällt, wir legen uns eine neue zu, bis auch diese wieder ausgedient hat. Das Bewußtsein ist unsterblich, „Ich bin" ist unendlich.

Obwohl wir in einem aufgeklärten Zeitalter leben, verbleibt das Thema „Tod" tabu. Vor dem Sterben haben deshalb viele Menschen Angst, weil sie glauben, keine Erfahrung darin zu haben, auch wenn sie es jede Nacht üben. Kurz nach dem Einschlafen verlassen wir, davon bin ich überzeugt, unseren Körper. Ich halte den mitunter spürbaren Ruck, der uns gewöhnlich wieder wach macht, als Beweis dafür. Veränderungen im allgemeinen machen uns bange. Der Tod ist auch nur eine Veränderung. Ähnlich wie es für den Säugling ein Wechsel der Umgebung ist, wenn er den Mutterleib verläßt, bedeutet das „Sterben“ eine Veränderung der Lebensform, die uns von unserem ausgedienten Körper befreit.

Im näheren Familien- und Freundeskreis ist mir aufgefallen, daß Menschen, die eine spezielle Angst haben, genau das Gefürchtete anziehen. Intuitiv wissen wir, woran wir arbeiten müssen und was wir zu lernen haben. Zum Beispiel fand ich heraus, daß mein Lebensgefährte unter einer besonders starken Existenzangst litt. Er, der in stabilen finanziellen Verhältnissen groß geworden war, fürchtete am meisten, alles zu verlieren und arm zu sein. Diese Angst hat er heute nach dreimaliger Übung nahezu überwunden. Während unseres 25jährigen Zusammenlebens hatten wir nämlich dreimal durch Fehlspekulationen unser Kapital verloren und mußten wieder ganz von vorn anfangen. Durch seine Art, alles auf eine Karte zu setzen und sein ganzes Vermögen in ein Projekt zu investieren, lernte er das, wovor er am meisten Angst hatte, nämlich vor dem Nichts zu stehen. Und da es ihm gelungen war, immer wieder „auf die Beine zu fallen”, überwand er seine panische Angst vor dem Ruin durch zunehmendes Vertrauen in sich selbst.

Ein Freund hatte schreckliche Angst vorm Krankwerden und besonders vor Krebs. Er warnte die Menschen seiner Umwelt ständig, weniger Kaffee zu trinken, weniger zu rauchen und mehr Obst zu essen. Er selbst hielt sich von Ungesundem weitgehend fern, aß zu Hause nur „selbstbeschissenes Gemüse”, wie es mein Lebenspartner nennt, und gönnte seinem durchtrainierten Körper fast täglich einen Waldlauf. Im Alter von achtundvierzig Jahren starb er an Darmkrebs. Indem er sich unausgesetzt dem Grübeln hingab, wurde er zum Schmied seines „Unglücks”. Kurz bevor er seinen ausgemergelten Körper verließ, besuchten wir ihn im Krankenhaus. Beim Abschied riet er seinem Freund, er solle sich an ihm nur ja kein Beispiel nehmen, sondern weniger arbeiten, sich mehr gönnen und es sich schön machen. An diesem Beispiel wird deutlich, daß das ganze „gesunde Leben“ nichts nützt, wenn die ständig nagende Angst vor einer schweren Erkrankung das Hauptmotiv für den zuträglichen Lebensstil ist.

Nach diesen Beispielen aus dem unmittelbaren Leben schließe ich mich der Feststellung von Franklin Delano Roosevelt aus dem Wirtschaftskrisenjahr 1933 an: „Das einzige, was wir zu befürchten haben, ist die Angst selbst". Dies kommt besonders deutlich in George Orwells Roman „1984" zum Ausdruck. Verschwenden wir unsere Energien nicht, indem wir das Negative anziehen, denn durch unsere Angst schwächen wir unseren inneren Heiler. Wenn wir in unserem Grübelkasten fortwährend die grauenhaftesten Vorstellungen herumwirbeln lassen, werden unsere ärgsten Befürchtungen wahr.

Wie können wir uns von unseren ureigensten Ängsten befreien oder sie uns in einer positiven Weise nutzbar machen? Einige Leute lassen sich hypnotisieren und erfahren möglicherweise, daß ihre Angst von einem traumatischen Erlebnis aus der Kindheit oder aus einem ihrer vergangenen Leben herrührt. So kann es sein, daß ein Mann, der sich vor Wasser fürchtet und keinen Grund für diese Angst in diesem Leben findet, in einem früheren Leben ertrunken war. Oder eine Frau, die sich vor Männern im allgemeinen ängstigt, ohne schlechte Erfahrungen mit ihnen in diesem Leben gemacht zu haben, mag in einem früheren Leben brutal vergewaltigt worden sein.

Ich persönlich habe den größten Teil meiner Angst während eines Feuerlaufs „verbrannt" und betrachte seither alles, was geschieht als wichtige Lektionen und Lernerfahrungen, die letztendlich meiner Entwicklung dienlich sind. Abgesehen davon, daß das Laufen über glühende Kohlen ein unbeschreiblich ekstatisches Erlebnis darstellt, ist es sicherlich nicht jedermanns Sache und auch nicht der einzige Weg, der zum Abbau von Ängsten führt.

Weniger abrupte oder dramatische und auch häufiger dokumentierte Systeme sind Yoga, T'ai Chi, Karate, Tanzen, Jogging oder andere Bewegungen an der frischen Luft, Body Building, kreative Imagination, Atemübungen oder Meditation. Wichtig ist, daß wir uns von der uns ständig begleitenden Angst befreien, denn die fortwährende Beschäftigung mit den angstbesetzten Gedanken zieht das Gefürchtete wie einen Magneten an und schwächt unser Immunsystem. Am besten ist es, wenn wir die Auseinandersetzung mit unseren Sorgen auf später verschieben. So wie wir bei der Meditation die einschleichenden Gedanken erst einmal wegschicken, drängen wir auch unseren Sorgensalat erst einmal beiseite und verschieben dessen Aufarbeitung auf den Abend. Kurz vor der Meditation, dem Yoga oder Joggen können wir uns die Ängste wieder in ihren vollsten Schrecken vor unser geistiges Auge führen und sie von allen Seiten durchforsten. Denn, wer sich nur einige Minuten am Tag mit seinen Ängsten beschäftigt, lebt gesünder als jener, der es zuläßt, daß ihn seine grauenvollen Gedanken den ganzen Tag verfolgen.

Wenn wir diese Übung intensiv genug durchführen, können wir entdecken, daß wir fähig sind, unsere Angst zu bewältigen. Indem wir sie auflösen, kann sie uns nichts mehr anhaben. Gelingt das nicht gleich beim ersten Mal, wiederholen wir die Übung am nächsten Tag.

Eine andere Art, mit der Angst fertigzuwerden, ist das Auflisten aller Dinge, die wir fürchten und die uns unglücklich machen. Ich zum Beispiel lebte immer in der Angst, meinem Gatten könnte etwas zustoßen. Die Furcht war auch nicht ganz unbegründet gewesen, denn zweimal verunfallte er tatsächlich. Vielleicht habe ich diese Unfälle durch meine Angst sogar herbeigeführt. Wenn ich rückwirkend die vielen schlaflosen Nächte und die jahrelangen Ängste diesen zwei Vorkommnissen gegenüberstelle, muß ich zugeben, daß sie in keinem sinnvollen Verhältnis stehen; vor allem die Furcht ändert ja nichts, sie raubt einem nur Zeit und Energie. Ähnlich widersinnig vergeudete ich meine Energien, da ich bei jedem physischen Schmerz zuerst einmal an eine bösartige Geschwulst dachte. Auch dabei hatte ich mich zigmal umsonst gesorgt. Hätte ich doch bloß früher schon gelesen, daß Personen mit häufigem Lippen-Herpes keine Krebskandidaten sind.

Angst ist ein sinn- und nutzloses Gefühl, das uns lähmt und uns von unserer Selbstverwirklichung abhält. Welch eine Zeit- und Energieverschwendung die Beschäftigung mit der Angst darstellt, wurde mir besonders während der Journal Workshops mit Jocelyn Brando bewußt. Das Schreiben von Briefen oder Kurzgeschichten hatte mich schon früher von der Angst abgelenkt und aufgeheitert. Heute befasse ich mich den größten Teil des Tages mit dem Schreiben, weil es mir am meisten Spaß macht. Wenn wir glücklich sind, sind wir frei von allen negativen Gefühlen. Ein anderes Wort für glücklich ist unbekümmert. Wer seinen Tag mit freudvoller Betätigung ausfüllt, hat keine Zeit für Angst, Kummer und Sorgen. Deshalb ist es von fundamentaler Wichtigkeit, herauszufinden, was uns happy macht. Dabei ist es sinnvoll, nach einer Auflistung der gefürchteten Dinge eine über das anzufertigen, was uns Freude bereitet. Wenn wir diese Liste jeden Tag durchlesen und versuchen so oft es möglich ist, Dinge zu tun, die uns glücklich machen, überwinden wir unsere Ängste.

Wir sind nicht hier, um zu leiden. Es ist unser Geburtsrecht, Glückseligkeit und Fülle zu erleben. Wie der Film „Forrest Gump" besonders eindrucksvoll darstellt, sind wir mit speziellen Talenten zur Welt gekommen und haben alle etwas Besonderes zu geben, auch die geistig weniger begabten Zeitgenossen. Wir müssen nur herausfinden, wo unsere Stärken liegen. Dazu ist es notwendig, daß wir entsprechend unserer Anlagen gefördert werden und uns die Welt in einer verständlichen, angstabbauenden Weise erklärt wird, so wie das im oben genannten Film die Mutter (Sally Fields) sehr einfühlsam und weise getan hat.

Wenn wir nicht wissen, was es ist, das uns besonders auszeichnet, sollten wir uns an die eigene Kindheit zurückerinnern und uns fragen: Was hatte ich am liebsten gespielt, womit hatte ich mich als Kind am meisten beschäftigt? Habe ich gern gelesen, Kaufladen und Schule gespielt? Diese Beschäftigungen lassen sich beispielsweise in den Berufen Verleger, Buchhändler, Schriftsteller und Lehrer unterbringen. Wenn jeder für sich herausfindet, wozu er sich berufen fühlt, wie kann es dann noch unglückliche Menschen geben? Was hält Sie davon ab, Ihr Hobby zumindest zum Teilzeitberuf zu machen oder

Ihre Rente aufzubessern? Ob es der Handel mit Briefmarken oder Münzen ist, ob man gern alte Autos aufmöbelt oder Antiquitäten restauriert und verkauft, Computerprogramme erstellt oder Kurzgeschichten und Reportagen verfaßt, Fotos an Zeitungs- und Illustrierten-Verlage veräußert, aus alten Kleidern Puppen herstellt oder Torten nach Omas Geheimrezepten backt. Fast alles läßt sich auf Flohmärkten oder durch ein kostenloses Inserat verkaufen. Und wer glaubt, nicht gut genug zu sein oder wer sich zu alt fühlt für eine Veränderung, der läßt sich doch tatsächlich wieder von der Angst oder vom Urteil anderer bluffen. Wir selber fühlen es in unserem Inneren, daß wir es schaffen können.

Träumen Sie von Ihren späteren Erfolgen, stellen Sie sich die Absatzmärkte ihrer Produkte vor, tätigen Sie im Geist Geschäfte und schwelgen Sie im Bewußtsein Ihrer künftiger Taten. Leider sind wir darauf trainiert, unsere Träume zu vergessen oder abtöten zu lassen von denen, die denken, wir seien nicht gut genug. Wir haben es gelernt, uns mit Worten entmutigen zu lassen, wie „mit Kunst verdient man kein Geld“ oder „nur die Besten verdienen im Sport“ oder ganz allgemein „das sind doch nur Hirngespinste”. Lassen Sie sich nicht täuschen, wir sind unsere Verwirklicher und unsere Vorstellungskraft verhilft uns in der Tat zur Verwirklichung all unserer Träume. Was ist überhaupt Realität und was ist Traum? Träume und Hoffnungen sind da, um realisiert zu werden. Und das einzige, was die meisten davon abhält, ist die Angst.

Aber fragen wir uns doch einmal was schlimmer ist, die Angst, vor dem was passieren könnte oder das, was wirklich passiert? Die meisten werden zugeben, daß die Angst schrecklicher ist als die Wirklichkeit. Denn wenn der spezielle Fall unserer Befürchtungen eintritt, sind wir etwa dann nicht in der Lage damit fertigzuwerden? Und selbst wenn wir hinterher nicht ganz zufrieden sind mit dem Ergebnis oder mit der Art der Verwirklichung, haben wir doch die mit soviel Angst besetzte Situation überlebt.

Erfahrungen mit der Reiki-Energie

Das japanische Wort Reiki bedeutet „kosmische Energie“ oder „universale Lebenskraft“ und entspricht dem chinesischen „Chi“ oder dem indischen Prana.

Das Wissen, wie diese uns überall umgebende Energie zu Heilzwecken aktiviert und gelenkt werden kann, wurde Ende des 19. Jahrhunderts von Dr. Mikao Usui wiederentdeckt. Er fand es in 2500 Jahre alten tibetischen, in Sanskrit niedergeschriebenen Texten. Die Reiki-Energie steht für Heilung, Harmonisierung und Balancierung des Körpers. Sie beseitigt Blockaden und regeneriert Organe und Gewebe. Reiki kann als eine geistige oder energetische Heilung des Körpers bezeichnet werden. Der Behandler, der als eine Art Kanal für die universale Lebensenergie dient, nimmt diese das gesamte Universum durchdringende Energie in sich auf und überträgt sie über seine Hände auf den Empfänger.

Seit mehr als zehn Jahren bin ich sozusagen an diesen Kanal angeschlossen. Meine Meisterin in Kalifornien empfahl mir damals das Buch von Baginski und Sharamon. Außer diesem, in Deutschland unter dem Titel „Reiki, universale Lebensenergie“ beim Synthesis Verlag herausgegebenen Buch hat mittlerweile allein der Windpferd-Verlag über ein Dutzend Reiki-Titel herausgebracht. Ein weiteres exzellentes Werk von Barbara Simonsohn mit dem Titel „Das authentische Reiki“ bietet wirksame Hilfe gegen die körperlichen und seelischen Probleme der heutigen Zeit. Dieses ganzheitliche, sehr wirkungsvolle Heilsystem hat innerhalb weniger Jahre Millionen von Anhängern gefunden.

Meine eigenen Erfahrungen mit Reiki begannen unmittelbar nach dem I.-Grad-Seminar und führten in der Folge zu einem umfassenden Bewußtwerdungs- und Transformationsprozeß. In den ersten Tagen nach der Einweihung begleitete mich ständig eine Art inneres Leuchten und ein Gefühl der Leichtigkeit. Letzteres rührte nicht nur von der Tatsache, daß ich drei Kilogramm an Gewicht abgenommen hatte, da ich keinerlei Gelüste auf Süßigkeiten mehr verspürte. Seelisch in Harmonie und mit mir im reinen schien ich keine Ersatzbefriedigungen mehr zu brauchen. Mein Selbstbewußtsein wuchs. Die Verlockungen und Versprechungen unserer Konsumwelt mißachtend, fühlte ich mich so reich wie noch nie. Alles, was ich brauchte, war in mir. Ich fühlte eine tiefe Verbundenheit mit allen Tieren, mehr noch als mit den Menschen, obgleich sich auch der Umgang mit ihnen besser gestaltete, da mich nichts aus der Ruhe bringen konnte. Die Möwen, denen ich regelmäßig das trockene Brot brachte, fraßen mir aus der Hand und begleiteten mich bei meinem Strandlauf. Nichts ist so schwer zu bestimmen wie das Glück, aber diese Unbekümmertheit, die heitere Gelassenheit, die bedingungslose Liebe und Freude am Sein, die ich in dieser Zeit erlebte, waren die reinste Wonne.

Neben dieser allgemeinen Stimmungsaufbesserung durfte ich ein offenbar dem Anfängerglück zugeordnetes Phänomen erleben: Auf einer Party stellte sich Hilde, eine mütterliche Freundin aus Bel Air, als mein erstes Versuchskaninchen beim Experimentieren mit der Reiki-Energie zur Verfügung. Ihre Wange war sichtlich geschwollen, da ein Eiterherd an einem der Backenzähne ihr starke Schmerzen verursachte. Der Zahnarzt meinte, daß er gezogen werden müsse; jedoch könne dies erst nach dem Abschwellen des Gewebes geschehen. Ich plazierte meine Hand über ihre linke Gesichtshälfte, ohne diese zu berühren und spürte die merkwürdigste aller bisher erlebten Sensationen mit Reiki. Es war, als habe sich ein starkes elektromagnetisches Kraftfeld zwischen meiner Hand und Hildes Wange aufgebaut. Ich konnte das intensive Kribbeln und Vibrieren in meiner Handinnenfläche kaum ertragen, begann zu kichern, hielt aber noch eine Weile die Position.

Einige Wochen nach der Weihnachtsparty rief Hilde an. Die Schwellung sei schon am nächsten Tag nicht mehr zu sehen gewesen. Der Zahnarzt, welcher zuvor der Meinung war, er könne den Zahn nicht retten, sagte, es sei alles in Ordnung, und sie könne ihr altes Kauinstrument behalten.

Heute brauche ich solche Bestätigungen der Reiki-Energie nicht mehr, ich weiß, was es mit der kosmischen Kraft auf sich hat und gehöre nicht mehr zu den Zweiflern. Durch Reiki kommen wir mit unserem Höheren Selbst und mit unseren wahren Bedürfnissen in Kontakt und nehmen immer deutlicher wahr, was wir in jeder Situation gerade brauchen. Wir übernehmen die Verantwortung für unser eigenes Wohlbefinden und können durch einfaches Handauflegen unser Immunsystem stärken und uns körperlich, seelisch und geistig in einen Zustand von Gleichgewicht und Harmonie bringen. Reiki-Übertragungen waren auch sehr geschätzt unter den Mitgliedern der AIDS-Hilfegruppe. Viele der Langzeitüberlebenden HIV-Träger sind selbst Reiki-Therapeuten oder lassen sich regelmäßig die universale Energie geben. Jeden Mittwochabend arbeiteten mehrere Reiki-Therapeuten und andere Energiebehandler an fünf bis sechs Massagetischen. Als ich mit meiner Freundin Ingrid Dennerlein-Barmack die Arbeit begann, waren wir über dreißig Therapeuten.

Barbara Simonsohn bezeichnet Reiki als „eine Art kosmische Stimmgabel", die den Menschen hilft, wieder in die richtige Stimmung oder Schwingung zu kommen. Sie empfiehlt zur Aufrechterhaltung unseres Wohlbefindens und zur Vorbeugung von Krankheiten, daß wir uns jeden zweiten Tag eine Ganzbehandlung mit der universalen Lebensenergie geben, da diese eine positive Auswirkung auf das Immunsystem hat, es ins Gleichgewicht bringt und regeneriert. Hin und wieder vergesse ich, daß ich an die universale Energie angeschlossen bin. Aber solche kraftvollen Aussagen führen natürlich dazu, Reiki wieder aus dem vorübergehenden Schattendasein zu befreien. Seit der Lektüre des Reiki-Buches kombiniere ich vor dem Aufwachen und vor dem Schlafengehen eine halbe Stunde lang die Meditation mit dem Handauflegen, wobei ich eine Hand auf die Stelle des Brustbeins lege, hinter der die Thymusdrüse sitzt, die andere auf den Solarplexus im Bereich des Nabels.

Der Thymus nimmt eine Schlüsselstellung als „Schulungszentrum" der thymusabhängigen Lymphozyten (T-Lymphozyten bzw.

T-Zellen), innerhalb unseres körpereigenen Abwehrsystems ein. Und die „Behandlung" – das Handauflegen ist im wahrsten Sinne des Wortes eine Be"hand"lung – dient dazu, die Selbstheilungskräfte zu aktivieren und das Immunsystem zu stärken. Wenn auch Sie an die universelle Energie angeschlossen werden wollen und dieses uralte Verfahren der Harmonisierung und Balancierung des Körpers und des persönlichen Wachstums erlernen wollen, wenden Sie sich an einen Lehrer in der nächstgrößeren Stadt (Telefonverzeichnis). Sollten Sie in Ihrer Gegend keine geeigneten Lehrer finden, setzen Sie sich mit Barbara Simonsohn in Verbindung. Die Autorin des Buches „Das authentische Reiki" ist Lehrerin des offiziellen Reiki-Programms, der Radiance Technik und veranstaltet Reiki-Seminare im gesamten Bundesgebiet, in Österreich und auf der Kanareninsel La Palma. Die Adresse von Frau Simonsohn erfahren Sie über den Windpferd-Verlag (siehe „Adressen und Bezugsquellen").

Schlußwort

Dieses Buch versucht, dem Leser zu vermitteln, daß wir selber unsere eigenen Herren und Heiler sind und daß wir alles, was wir draußen suchen, in uns selber finden können. „Hilf' dir selbst, dann hilft dir Gott" bedeutet, daß wir die Selbstverantwortung für unseren körperlichen und geistigen Zustand übernehmen. Besinnen wir uns auf die altbewährten Heilmittel und verzichten wir besser auf die großzügige Einverleibung chemischer Arzneien. Werfen wir diese heutzutage so vertrauten aber marode gewordene Krücken besser weit von uns. Die Interpretation des obigen Sprichworts legt ebenso nahe, daß wir selbst Gott oder ein Teil davon sind. Die Entscheidung, selbst für unsere Gesundheit zu sorgen, indem wir Mittel benutzen, die uns die Schöpfung in ihrer grenzenlosen Weisheit zahlreich zur Verfügung stellt, führt letztendlich zu einem Gefühl der Freiheit und Selbstbestimmung und zu dem Bewußtsein, das uns Jesus von Nazareth vor fast 2000 Jahren zu übermitteln versuchte. Er wollte uns darüber in Kenntnis setzen, daß wir unsere eigenen Lehrer, unsere eigenen Priester, unsere eigenen Heiler und unsere eigenen Wissenschaftler sind. Wir lernen aus Erfahrung, aus Versuch und Irrtum, indem wir auf unser „Ich bin", auf unsere Seele, hören, vom Gefühl her entscheiden und geistige Hilfe empfangen.

Der Drang des Nazareners, uns dies alles zu verkünden, sein Liebesdienst, geschah das alles ganz umsonst? Seine Hingabe um der universalen Erleuchtung willen hat er mit seiner Kreuzigung bezahlen müssen. Denn die Herrschenden haben kein Interesse am totalen Durchblick aller Erdenbürger; wen könnten sie dann noch manipulieren und ausbeuten? Sie sind nicht an der Selbstbestimmung des Individuums interessiert. Aus diesem Grund – also wegen der Angst der sogenannten Mächtigen vor der Wahrheit oder dem Bewußtsein der Massen, das sich gegen sie richten könnte – wurde Christus ans Kreuz genagelt. Aus demselben Grund werden auch heute Menschen umgebracht. Was diese mit dem Nazarener gemein haben ist, daß sie nicht zu jenen gehören, die aus Feigheit alles fallenlassen. Sie fürchten sich nicht, eine neue Stufe zu erklimmen. Sie wissen und sie lehren: Fürchtet Euch nicht! Am Wesentlichen, am „Ich bin" verändert sich nichts.

Je mehr Angst unter den Menschen herrscht, desto stärker können sie zur Ader gelassen werden. Seit die Kirche an Macht eingebüßt und die Drohung vor dem ewigen Fegefeuer ihren Schrecken verloren hat, sind es die den HI-Viren und anderen gefürchteten Mikroorganismen angelasteten „unheilbaren" Krankheiten, die unsere Angst schüren und uns vom Wesentlichen abhalten: uns auf unser wahres Ich und auf unsere Selbstheilungskräfte zu besinnen und Verantwortung für unseren Zustand zu übernehmen. Denn wenn wir unseren inneren Heiler, das Immunsystem, durch eine natürliche Ernährung und Lebensweise unterstützen und dadurch für unser körperliches und geistiges Wohlbefinden sorgen, müssen wir uns vor den Winzlingen nicht fürchten. Viele von ihnen halten sich ständig im Körper auf, ohne jemals Schaden anzurichten, da sie von funktionstüchtigen Abwehrzellen in Schach gehalten werden. Allerdings müssen wir unseren Körper wie einen Tempel wertschätzen und pfleglich mit ihm umgehen. Viele von uns benutzen ihre leibliche Hülle eher wie einen Müllwagen, der aufgrund eines Motorschadens unbeweglich vor sich hin dampft.

Die Schöpfung ist vollkommen, nur wir machen Fehler. Diese zu erkennen, aus ihnen zu lernen und unser Verhalten den neuen Erkenntnissen anzupassen, sollte unsere immerwährende Aufgabe sein. Wenn wir uns so verhalten, brauchen wir vor nichts Angst zu haben. Je eher wir unsere durch negative Gedanken verursachte Furcht in Ehrfurcht umwandeln und alle negativen Muster, die sich in unser Unterbewußtsein eingenistet haben, auflösen und löschen, desto mehr wird unser Kanal frei für das universale Licht und die Liebe; frei für das, was unser Wesen ausmacht. Wenn wir unser körpereigenes Abwehrsystem mit den sogenannten Sieben Essentiellen – natürliche Ernährung, reines Wasser, regelmäßige Bewegung, frische Luft und Sonne, ausreichende Ruhepausen, freudvolle Beschäftigung und positive Gedanken – wieder gestärkt haben, wird sich auch unsere Erde wieder regenerieren. Das Gute, das wir aussenden, kommt zu uns zurück. Wenn wir beispielsweise pestizidfreies Gemüse beanspruchen, wird sich der Markt und die Produktion umstellen. Denn, wenn wir damit rechnen, dereinst unseren Planeten in einem anderen Körper wieder zu bevölkern – und der große Nazarener hat uns auch gelehrt, daß unser wahres Ich unangreifbar ist und ewig währt – wird uns gewiß daran gelegen sein, ihn nicht zu verseuchen.

Wir sollen Angst haben vor Mikroorganismen, die es schon immer gab. Warum nicht vor einer wirklichen Bedrohung, die es erst seit der Industrialisierung gibt? Durch die Verbrennung von Kohle und Öl steigt der CO_2-Gehalt in der Luft ständig an, wodurch sich die Erdatmosphäre erwärmt. Auch der Chlorgehalt der Luft ist seit zirka fünfzig Jahren um mehrere hundert Prozent angestiegen. Hier handelt es sich um ein das gesamte ökologische System betreffendes ernstes Umweltproblem, denn diese Gase sind auch über der Antarktis, dem Nordpol und dem Pazifik anzutreffen und nicht nur in Ländern, die Fluorchlorkohlenwasserstoff freisetzen. Das Chlor vermindert die Filterwirkung der Lufthülle. Mit zunehmendem Chlorgehalt erhöht sich die Intensität der UV-Strahlung bis zu einem Punkt, der für Tier- und Pflanzenwelt eine lebensbedrohliche Gefahr darstellt.

Haben wir ein Recht, so mit unserem Planeten umzugehen? Treibhauseffekt, Ozonloch, Artensterben und Brandrodung der Regenwälder, was haben diese Entwicklungen gemein? Es liegt ihnen eine gemeinsame Ursache zugrunde: das veränderte Verhältnis zwischen der menschlichen Zivilisation und dem ökologischen Gleichgewicht der Erde. Seit dem Erscheinen des Homo sapiens bis 1950, also in einer Zeit, in der Hunderttausende von Generationen gelebt hatten, war die Weltbevölkerung auf 2,5 Milliarden angewachsen, und nun bis zum Jahre 2020, also in der Lebensspanne einer einzigen Generation, wird die Zahl um das Dreifache auf 7,5 Milliarden angestiegen sein. Sollen wir den Ernst dieser Lage nicht wahrhaben, damit die Erde bis zum bitteren Ende weiterhin ausgebeutet werden kann? Der amerikanische Vizepräsident Al Gore macht in seinem Buch „Wege zum Gleichgewicht – Ein Marshallplan für die Erde“ darauf aufmerksam, was passieren könnte, wenn wir weiterhin darauf beharren, die von uns in Gang gesetzten Änderungen zu ignorieren, „denn dann werden wir letzten Endes nicht viel mehr hinterlassen als ein Rätsel für irgendeine menschliche Gemeinschaft in ferner Zukunft, die zu verstehen versucht, was mit der uralten versunkenen Kultur geschah, die vor langer Zeit solche großen Bauwerke aus Beton, Stahl und Plastik schuf.“

Was außer reaktionärer Inflexibilität und panischer Angst vor finanziellen Verlusten hält uns davon ab, auf umweltfreundliche und zudem kostenlose Energien, wie Wind- und Sonnenenergie zu bauen? Was hält uns ab, der Natur und den natürlichen Mitteln zu vertrauen? Vielleicht ist es nur unser überaus wirksamer Verdrängungsmechanismus. Doch wenn wir damit rechnen müssen, immer wieder zurückzukehren, sollten wir dann nicht unseren Planeten rein halten? Wenn wir die Lehre des Nazareners vom ewigen Leben und unserer wahren Bestimmung erkennen, werden wir in Dankbarkeit und Liebe die notwendigen Maßnahmen ergreifen. Die innere Ruhe, die sich dann in uns ausbreitet, gibt uns die Kraft, alle weltlichen Prüfungen willkommen zu heißen, an denen wir zuvor verzweifelt sind. Nur wenn wir uns dem Leben in allen Dimensionen öffnen – den körperlichen, intellektuellen, emotionalen sowie spirituellen – und für alles, was uns widerfährt, Verantwortung übernehmen, sind wir wirklich frei und beugen uns nur einer einzigen Macht: der Macht der Liebe.

Je eher wir alle negativen Muster, die sich in unser Unterbewußtsein eingenistet haben, auflösen und löschen, desto mehr wird unser Kanal frei sein für die Liebe, die unsere höchste Bestimmung ist, da sie unsere wahre Natur ausmacht. In diesem Sinne zitiere ich noch einen Auszug aus einem Brief, den ich vor Jahren von Shirley MacLaine erhielt:

“These are such exciting times we live in and my most important lesson has been to understand that a positive and productive life is up to each one of us individually. We are our own realizers. We are our own best teachers. Remember to keep the knowingness that the God source is within you. Trust it and your life and love will reflect it!“

(„Dies sind solch aufregende Zeiten, in denen wir leben, und meine wichtigste Lektion war zu verstehen, daß ein positives und produktives Leben die Sache eines jeden einzelnen von uns ist. Wir selbst sind unsere Verwirklicher. Wir selbst sind unsere besten Lehrer.

Denke daran, das Wissen zu bewahren, daß die Gottesquelle in unserem Inneren ist. Vertraue ihr und Dein Leben und Deine Liebe werden sie widerspiegeln.“)

Danksagungen

Oftmals habe ich davon geträumt, das Schreiben zum Beruf zu machen, und durch dieses Träumen habe ich meine Realität erschaffen. Meinem Vater Ludwig Holschuh, der einen Teil der Blaupläne zum Errichten meiner Luftschlösser lieferte – er selber hatte sich an zahlreichen Gedichten und einem autobiographischen Roman über den Nazikrieg versucht – , gilt meine erste Dankesbekundung.

Meiner Mutter Alwine Holschuh danke ich dafür, daß sie mir als Vorbild einer aktiven und willensstarken Persönlichkeit zur Verfügung stand und mir zu dem Bewußtsein verhalf, meine eigene Erkenntnis als größten Schatz zu achten. Dadurch lernte ich, alle Dinge des Seins zu hinterfragen, zu denen auch die sogenannten Autoritäten zählen.

Dank auch an meinen Ehepartner, C.P. Meyer, der mir geholfen hat, meinen Computer begreifen zu lernen. Vor allem aber danke ich ihm für seine grenzenlose Geduld, die es mir erlaubte, mich in den fast 25 Jahren unserer Verbindung um alle meine zahlreichen Interessen kümmern zu können, wodurch mitunter wenig Zeit für gemeinsame Unternehmungen blieb.

Weiterhin geht mein Dank an Carole Madrid, meiner Reiki-Meisterlehrerin und Hypnotherapeutin, die mich in Einklang mit der Reiki-Meister-Energie brachte.

Den weiterhin aufgeführten Personen gebührt mein Dank dafür, daß sie mich auf unterschiedliche Weise zu unterstützen wußten. Einige haben mir als Vorbild gedient und mich inspiriert; andere konnten mich mit interessanten Persönlichkeiten zusammenbringen, mich fachlich beraten und mit wichtigen Informationen versorgen, mit Zuspruch, Rat und Tat weiterhelfen und sich so an der Verwirklichung des vorliegenden Buches beteiligen:

Johann Tikale, Heinrich Holschuh, Luise Walti, Anni Groh, Louise Hay, Shirley MacLaine, Jocelyn Brando, Barbara Simonsohn, Robert Adams, Michael Big Bear, Hilde Richter-Hudson,

Marita und Wilhelm Rohde, Saskia und Jim Hadsell, Ursula Stille, Wiland Bode, Dr. Mandira Matta, M.D., Halima Neumann, Dr. Ingrid Dennerlein-Barmack, Prof. Dr. Peter Duesberg, Dr. Ulrike Krallmann-Wenzel und, last but not least, meine umsichtige, mich mit ihrem Sachverstand unterstützende Lektorin, Frau Brigitte Gabler und alle Mitarbeiter des Windpferd-Verlags, vor allem Frau Laura Deng und Frau Sylvia Mair, die mich stets mit ihrem Mitgefühl und Asporn sowie mit ihren konstruktiven Ratschlägen ermuntern und mir dadurch ein Gefühl des Geborgenseins vermitteln konnten. Fehlt nur noch der Dank an die mutigste, weitblickendste, scharfsinnigste und einfühlsamste Verlagschefin der Welt, Frau Monika Jünemann, der ich für ihr Vertrauen in meine Arbeit zutiefst verbunden bin.

Literaturverzeichnis

Abele, Johann, Herz, Kurt, *Die Eigenharnbehandlung. Erfahrungen und Beobachtungen,* Heidelberg 1994.

Airola, Paavo, *Everywoman's Book,* Health Plus Publishers, Sherwood, Oregon 1992.

Altmann-Brewe Jutta, *Zeitbombe Amalgam,* München 1994.

Badgley, L.E., *Healing AIDS* Naturally, 1990, ISBN: 0-941523-00-4.

Balch, J.F., Balch, P.A., *Prescription for Nutritional Healing,* Garden City Park, New York 1997.

Batmanghelidj, Faridum, *Wasser, die gesunde Lösung,* Freiburg 1997.

Buchmann, Dian Dincin, *The Complete Book of Water Healing,* New York 1995.

Busing, K.-H., *Arzneimittel-Forschung,* 2, 1952.

Chandra, D., Gupta, S., *Anti-inflammatory and anti-arthritic activity of volatile oil of curcuma longa,* Ind. J. Med. Res. 60(1972), 138-142.

Chopra, Deepak, *Ageless Body, Timeless Mind,* New York 1993.

Clark, Regehr Hulda, *The Cure for all Diseases,* Promotion Publishing. San Diego 1995.

Crisafi, Daniel J., *Gamma-linolenic acid, a vital nutrient,* Health Naturally, Nov./Dec. 1992.

Curtis, Tom, *The Origin of AIDS. A starting new theory attemps to answer the Question: Was it an act of God or an act of man?* in: Rolling Stone, 19. März 1992.

Daunderer, Max, *Therapie der Amalgamvergiftung.* Forum des praktischen und Allgemeinarztes, Heft 2/1991.

Diamond, Harvey & Marilyn, *Living Health,* New York 1987.

Faller, Adolf, *Der Körper des Menschen,* 5. Auflage, Stuttgart 1972.

Förster D., Selbeck, H.W., *Homöopathische Heilmittel von A-Z,* Trautwein Ratgeber Edition, München 1997/98.

Fronius-Gaier, Dagmar, *Ayurveda. Leben im Gleichgewicht.* Trautwein Ratgeber 1997.

Geesing, Hermann, *Immun-Training,* Herbig Verlag, München 1990.

Goebel, F.-D., Schubert, S., *Aids und HIV-Infektion – internistische Therapie und Diagnostik,* In: I.W. Husstedt (Hrsg.) HIV und AIDS. Berlin, Heidelberg 1998.

Gore, Al, *Wege zum Gleichgewicht. Ein Marshallplan für die Erde,* Frankfurt 1992.

Gottschalk, Christiane, *Oxidation organischer Mikroverunreinigung in natürlichen und synthetischen Wässern mit Ozon und Ozon/ Wasserstoffperoxid,* Aachen 1997.

Gregory, Scott, J., *A Holistic Protocol for the Immune System,* Tree of Life Publications, Joshua Tree, CA 1993.

Hauss, R., *Virulenzfaktoren von Hefen. Routinediagnostik von Candida albicans,* Privatärztliche Praxis 01. Heft 4 (1996) 183-184.

Hay, Louise L. u.a., *Dankbarkeit erfüllt mein Leben,* Freiburg 1997.

Heizmann, R., Döller, P., Kropp, S., Bleich, S., *Kurzlehrbuch Medizinische Mikrobiologie und Immunologie,* Stuttgart-New York 1997

Hoffmann, P. (Hrsg.), *Positivlisten Lebensmittel*, Ffm. 1995.

Jakobson, E., *Entspannung als Therapie. Progressive Relaxion in Theorie und Praxis*, München 1990.

Jensen, Bernard, *Tissue Cleansing through Bowel Management*, Escondido, 1989.

Jensen, Bernard., Anderson M., *Empty Harvest. Understanding the link between our food and our immunity, and our planet*, USA, 1990, S. 136.

Jünemann, M., Luetjohann, S., *Die drei großen Heiler. Teebaum, Johanniskraut, Schwarzkümmel*, Aitrang 1997.

Klinghardt, Dietrich, *Schwermetalle – Vergiftung und Entgiftung*, Vortrag vom 20. Nov. 1996 im Rahmen eines Seminars über Psycho-Kinesiologie auf Schloß Elmau bei Garmisch-Partenkirchen.

Knapp, Dieter, *Unser strahlender Körper. Energiefeldfotografien für Diagnose und Heilung*, München 1996.

Kroeger, Hanna, *Arteriosclerosis and Herbal Chelation*, Hanna Kroeger Publ.1984.

Krämer, Walter, *Die Krankheit des Gesundheitswesens. Die Fortschrittsfalle der modernen Medizin*, Frankfurt 1989.

Küster, Ernst, *Lehrbuch der Botanik für Mediziner*, Leipzig 1920.

Kugler, Hans, et al., *Life Extenders and Memory Boosters*, Quest, Reno, Nevada, 1994.

Kumagai, A., Nanboshi, M., Asanuma, Y. et al. , *Effects of glycyrrhizin on thymolytic and immunosuppressive action of cortisone*, Endocrinol, Japan, 145 (1967) 39-42.

Kushi, Michio, *Cancer and Heart Disease*, Tokyo – New York 1986.

Leitzmann, C., Groeneveld, M., *Gesundheit kann man essen. Bioaktive Stoffe in Lebensmitteln*, DTV München 1997, S. 155.

Leung, A., *Encyclopedia of Common Natural Ingredients Used in Food, Drugs, and Cosmetics*, John Wiley & Sons, New York, NY 1980.

Lübeck, Walter, *Heilen mit Lapacho-Tee*, Aitrang 1997.

Lüdeke, Erika, *Kultur im Dienste der AIDS-Aufklärung*, In: Bestmann, A., Schumacher R., Wünsch, S. (Hrsg.). Aids – weltweit und dicht dran. Saarbrücken 1997.

Luetjohann, Sylvia, *Das große Schwarzkümmel Handbuch*,Aitrang 1997.

Markus, H.H., Finck, H., *Candida, der entfesselte Hefepilz*, München 1996.

Mathew, B., Sankaranarayanan, R. et al., *Evaluation of chemoprevention of oral cancer with Spirulina fusiformis*, Nutr. Cancer 24 – 2 (1995) 197-202.

Meyer, Marianne, *Spirulina – Das blaugrüne Wunder. Die sensationellen Heilwirkungen der natürlichen Mikroalge bei Immunschwäche, Infektionen, Anämie, Allergien, Krebs, AIDS und vielem mehr*, Windpferd, Aitrang 1998.

Meyer, Marianne, *Sonnenkraft mit dem blaugrünen Lichtträger Spirulina. Superenergie und Gesundheit mit dem Lebenselixier.* Aitrang 1998.

Mowrey, Daniel B., *Echinacea. How an amazing herb supports and stimulates your system*, Keats Publishing, New Canaan, Connecticut, 1995.

Murray, M., Pizzorno, J., *Encyclopedia of Natural Medicine,* Rocklin, CA 1991
Nakamura, Hiroshi, in: Hills, Christopher, The Secrets of Spirulina, University of the Trees Press, Bolder Creek, Calif., 980, 46 f.
Nolting, S., Guzek, B., Hauss, R., *Mykosen des Verdauungstraktes,* Hamburg, 1994.
Pahlow, M., *Das große Buch der Heilpflanzen,* München 1993.
Passwater, R.A., Cranton, E.M. , *Trace Elements, Hair Analysis and Nutrition,* Keats, New Canaan, CT, 1983.
Pflugbeil, K.J., Niestroy, I., *Das innere Dreieck – Leber, Galle, Bauchspeicheldrüse,* München 1994.
Picker, Robert, in: Candida, Silver (mercury) Fillings and the Immune System, 1990,2.
Pizzorno, J., Murray, M. *Encyclopedia of Natural Medicine,* Rocklin, CA, 1991.
Ray, Barbara. *The Authentic Reiki®. Der 'Reiki' Faktor in der Radiance Technik,* St. Petersburg, Florida 1996.
Reillo, Michelle, *AIDS under Pressure,* Seattle, Toronto, Göttingen, Bern 1997.
Reillo, Michelle, *Hyperbaric oxygen therapy for the treatment of debilitating fatigue associated with AIDS,* J. Assoc. Nurses AIDS Care, 4 (1993) 33-38.
Salk Jonas, in: Science Abstracts, Vol. 195, April 1977.
Schulze, Richard, *Herbal Therapie for Serious Illness* in: A Health Newsletter by Sam Biser, Vol. 7 (3) 1997.
Sharamon S., Baginski B.J., *Das Wunder im Kern der Grapefruit,* Aitrang 1997.
Simonsohn, Barbara, *Das authentische Reiki. – Wirksame Hilfe gegen die körperlichen und seelischen Probleme der heutigen Zeit,* Bern-München-Wien, 1996.
Simonsohn, Barbara, *Papaya – Heilen mit der Wunderfrucht,* Aitrang,1998.
Simonsohn, Barbara, *Die sagenhafte Heilkraft der Ananas,* Aitrang,1998.
Srivastava, K.C., *Effects of aqueos extracts of onion, garlic and ginger on platelet aggregation and metabolism of arachidonic acid in the blood vascular system,* in vitro study, Prostaglandins Med., 13 (1984) 227-35.
Truss, Orion, *The missing Diagnosis,* P.O.Box 26508, Birmingham, Alabama, 1983.
Veroll, Flora, *Pfarrer Kneipp. Die natürliche Heilkraft des Wassers,* Kleine Gesundheits-Bibliothek. Trautheim Ratgeber Edition 1997.
Wagner, H., Proksch, A. , *Immunostimulatory drugs of fungi and higher plants,* Economic Medical Plant Research 1(1985) 113-53.
Walker, Norman W., *Frische Frucht- und Gemüsesäfte,* Waldthausen Verlag Ritterhude 1996.
Warnke, Ulrich, *Risiko Wohlstandsleiden,* Popular Acad., Saarbr. 1993.
Watarai, Hiroshi, in: Hills, Christopher, *The Secrets of Spirulina,* University of the Trees Press, Bolder Creek, Calif., 1980, 165.
Wigmore, Ann, *Spiritual-Physical Survival thru Living Foods.* Boston 1984.
Zur Lippe, C., Hauber, A. et al. , *Alternativmedizin bei AIDS,* Hamburg 1997.